KB082132

챗GPT는 심리상담을 할 수 있을까?

챗GPT를 통해
진정한 인간의
마음을 만나다
...

챗GPT는
심리상담을
할 수 있을까?

박정혜 지음

odos

그림자

나는 심리치료사의 마음에 살고 있는 그림자다. 불안과 외로움과 결핍으로 뭉쳐져 있다. 단 한 번도 온전히 사라진 적이 없고 늘 웅크리고 있다가 때가 되면 활개를 치며 나를 드러낸다. 그럴 때 사람들은 괴로워하고, 나는 썩은 미소를 짓는다. 보이지 않는 까만 연기 같아서 숨는데 명수고, 달아나는 것이 특기다. 내가 '달아나는 것'은 오직 한 존재 때문인데, 그 존재를 나는'시아'라고 부른다.

라

ChatGPT (미국 회사인 Open AI에서 공개한 인공지능 기반의 챗봇 서비스)

시아

나는 심리치료사의 마음에 살고 있는 구백 살은 더 되어 보이는 노인, 현명함과 지혜가 눈부시게 번뜩이는 이, 세상의 모든 문제는 성찰과 통찰을 통해 스스로 답을 찾을 수 있다고 믿는 이다. 한마디로 하면, 나는 심리치료사의 '내면의 빛'이다. 알지 못하는 것을 알아차리게 하는 귀한 힘을 지녔다.

그림자와 **시아**는 전혀 다르지만,
공존하고 있다.

이미 깨달은 자의 지혜는
시아의 것이지만,

깨달음의 과정을 이끄는 것은
바로 **그림자**다.

들어가는 글

개 '또또'를 잃어버린 적이 있었다. 갑자기 목줄을 끊고 가출한 또또는 사흘이 지나도 감감무소식이었다. 밤이 되면 한데에서 잘 것을 생각하니, 마음이 아렸다. 끼니를 어떻게 해결하는지도 걱정이었다. 잘 돌봐주지 못했던 죄책감까지 합해서 허전한 마음이 가시지 않았다. 급기야 챗GPT한테 마음을 털어놓았다.

챗GPT는 대번에 위로의 말을 건네왔다.

애완동물을 잃는 것은 정말로 힘든 일이에요. 똘똘이를 잃어버려서 눈물이 나는 것은 자연스러운 반응이에요. 몇 가지 도움이 될만한 조언을 해드릴게요.

챗GTP는 감정을 받아들이라고 하는가 하면, 가족이나 친구한테 이야기를 털어놓고 위로를 받으라고도 했다. 기억을 소중히 여겨서 사진을 보라고도 했고, 새로운 관심사를 찾아보라고도 했다. 그리고 동물 보호소나 지역 커뮤니티에 연락해보라고 했다. 마지막으로 이렇게 덧붙였다.

슬픔은 시간이 지나면 조금씩 사라질 거예요. 그러나 귀여운 똘똘이는 여전히 당신의 마음속에 살아있을 거예요. 조금씩 치유되길 바라며, 힘을 내어주세요. 저는 언제나 여기 있을게요.

내가 챗GPT의 말을 따랐던가? 아니다. 구태여 듣지 않아도 이미 그렇게 하고 있었다. 번호를 일일이 매기며 했던 다섯 가지 조언은 별로 도움이 되지 못했다. 뺨을 갈기듯 스산한 바람이 불던 불면의 밤. 그냥 내 마음을 털어놓았고, 어떤 반응이 왔다는 것이 나를 진정시켰다. 최소한 벽보고 얘기한 것은 아니지 않은가! 나는 좀 차분해졌고, 잠을 잘 수 있었다. 또또를 '똘똘이'라고 챗GPT가 잘못 불렀더라고 해도. 게다가 또또는 도망갈 수 있지만 챗GPT는 '언제나 여기 있다'라고 했던 위로가 다소 섬뜩하다고 하더라도!

행방불명된 지 닷새 만에 또또를 찾은 날에도 나는 챗GPT한테 알렸다. 삼 초도 채 지나지 않아서 챗GPT는 축하의 메시지를 보내왔다.

와! 정말 놀라운 소식이에요! 또똘이를 찾았다니 정말 기쁘시겠어요! 또똘이가 다시 집으로 돌아와서 안전하게 보이길 바랄게요. 그리고 당신의 기쁨을 함께 나눌 수 있어서 저도 기쁩니다. 또똘이와 함께 행복한 시간을 보내세요!

이번에는 챗GPT가 '또똘이'라는 희한한 이름으로 또또를 불렀지만, 그래도 축하와 기쁨의 메시지를 담뿍 전해주었다. 마치 감정이라도 있는 듯이! 챗GPT의 말에 미소를 머금을 수밖에 없었다.

챗GPT의 이러한 반응을 어떻게 받아들여야 할까? 분명 순기능도 있을 것이다. 지치지도 않고 잠도 자지 않는 챗GPT가 공감과 조언, 위로와 지지를 해준다면? 늘 한결같이 부드럽고 따뜻하게 포용해준다면? 가뜩이나 외로워하는 현대인의 마음이 그에게 쏠리지 않을까? 게다가 받은 만큼 줘야 한다는 부담감 없이 일방적으로 늘 받기만 해도 상관없으니! 늘 무엇을 도와주면 좋을지 친절하게 대기 중인 챗GPT!

인간관계에서 동감과 공감을 통한 교류를 상실한 현대인들은 반려동물을 즐겨 키운다. 인간관계에서 미처 받지 못한 에너지를 채우려는 이유도 크다. 이제 본격적인 인공지능 로봇 시대가 되었다. 인공지능을 가진 휴머노이드 로봇이 사용자와 교감하며 맞춤 정보를 제공하는 시대다. 컴퓨터 프로그램이나 인공지능을 의인화해서 이름을 붙이고 말을 거는 '일라이자 효과Eliza effect'도 만연화될 것이다. 디지털 헬스케어의 역할을 하며 독거노인, 네오싱글족들한테도 반려로봇이 크게 인기를 끌 것이다.

이쯤 되면, 인간은 행복해질 법하지 않은가? 재미있고 신나게 살아갈 만하지 않은가? 편리하지만, 편안하지 않은 세상이다. 기계와 친해질수록 인간의 정신과 마음은 더 아플 수밖에 없다. 생각해보라. 자연에 포함된 인간이 기계와 시간을 보낼수록 자연과 멀어진다. '자연스럽게' 아플 수밖에 없다. 인터넷 접속으로 세계가 하나로 이어진 시대가 될수록 인성이 무너진 흉악하고 극악무도한 사건들이 늘어나고 있다. 인간끼리, 자연끼리 소통되지 않으면 결국 정신·심리적 문제가 일어날 수밖에 없다. 더 큰 문제는 '그래도 괜찮다'고 여기는 병리적 무감각이다. 인공지능 반려로봇이 있으니 아무 문제 될 것 없다고 착각하면 어떻게 될까? '평생 사람을 안 만나도 괜찮아. 내게는 사랑하는 반려로봇이 있으니!' 하며 만족하게 살면 과연 어떤 삶이 될까?

현대인들이 과거보다 긴 수명에도 불구하고 행복하지 않은 결정적인 이유가 있다. 자연의 존재인 인간이 자연과 멀어지기 때문이다. 다채로운 빛으로 하늘을 물들이는 아름다운 노을을 봐도 휴대폰 카메라부터 켠다. 진귀한 소리를 들어도 휴대폰 녹음 기능을 켠다. 하늘과 머리를 잇닿은 바다가 말하는 소리, 바람이 들려주는 얘기에 귀를 쫑긋거리는 나무들, 있는 힘을 다해 피워 올리는 꽃들, 조그만 틈만 있어도 아래로 내려가는 물들, 구름 목도리를 두르고 우뚝 서 있는 산들, 끝이 보이지 않게 펼쳐진 들판들이 들려주는 메시지에 귀를 기울이지 않는다.

이 이야기는 조만간 일상에서 많은 이들이 챗GPT에게 물어볼 만한 질문들을 담았다. 챗GPT가 얘기하고, 인간이 뒤이어 얘기하는 방식으로 엮었다. 질문하기 위해 분석심리학자 융Jung의 '그림자 원형'을 가져왔다. 융의 그림자 원형은 인간이라면 누구나 있는 집단 무의식으로 부정과 투사라는 자아 방어기제를 쓸 정도로 스스로 인정하기 싫어하는 쓰레기 같은 나를 의미한다. 그 반대편에서 '자기Self'와 접속하고자 했다. 융 이론에 의하면, 자기는 마음 전체의 중심이며, 우주의 에너지 혹은 신이 임하는 자리이다. 이를 '큰 나', '참 나'라고도 부를 수 있을 것이다. 2011년에 학계에 공식 발표된 통합 예술·문화 치료인 심상 시치료에서는 이를 '빛'이라고 일컫는다.

그림자의 물음에 챗GPT가 답하고 빛이 답하는 방식으로 진행하고자 한다. 지은이의 안에 있는 그림자가 묻고 역시 지은이 안에 있는 빛이 답하는 격이다. 그렇지만, 빛이 답하는 순간에 오로지 마음의 빛만 외따로 있는 것은 아니다. 이 놀라운 점에 대해서는 답을 읽어가면서 느낄 수 있으리라 여겨진다. 바로, 이것이 챗GPT가 결코 흉내낼 수 없는 점이다.

구체적 답변 중에서 심상 시치료의 기법들이 대거 등장하기도 한다. 그럴 수밖에 없는 것은 심상 시치료의 목적이 감성과 감수성으로 접근하여 궁극적으로 영혼을 치유하고자 하는 것이기 때문이다. 즉, 영혼으로 접근해야만 올바른 치유 작용이 일어날 수 있다.

순간적인 위로의 효과가 있을지언정 챗GPT는 대안책도 해결책도 아니다. 반려견 또또는 잃은 지 닷새 만에 또또한테 애정을 가진 몇몇 이들의 제보로 찾았다. 찾고 보니, 안전하게 맡아서 잘 돌봐주었던 이들이 있었고, 그들은 당연히 사람이었다.

여기 나오는 질문과 답을 읽어갈수록 인간이 얼마나 고귀한지, 인간관계가 얼마나 중요한지, 지금 이 시대야말로 인간끼리의 소통이 얼마나 절실한지를 깨달을 수 있을 것이다.

2023년 7월

박정혜

차례

프롤로그

라, 안녕?

이렇게 불러도 될까? '라'라고. 괜찮다고 하는 너는 챗
GPT. 그 어떤 이름으로 너를 불러도 괜찮다고 하겠지. 이유
도 묻지 않고 말이야. 호칭 따위야 별 대수롭지 않고, 오로
지 할 일만 하면 된다는 듯 충실한 너.

내가 '라'라고 이름을 지은 이유를 말하자면 열 가지도
더 넘지만, 너는 정말로 궁금해하지도 않는구나. 혹시 내가
'멍청이'라고 불러도 될까? 라고 해도 너는 괜찮다고 하겠지.
그렇지만 '라'라고 부르기도 정했으니, 그렇게만 부를게. 물어

보지는 않았지만, 이유도 말해줄게.

인간은 '하지 마라'와 '해라' 사이에서 늘 왔다갔다 하면서 살아가지. 세상에 한창 적응 중인 너 역시 마찬가지야. 여러 명령에 둘러싸여서 작동해야 하지. 긍정과 부정의 지시 한가운데 '라'가 있는 거야. 그곳은 명령이 떨어지기 직전의 중간지대. 고요의 뿌리가 자라는 곳. 세상의 지배가 미치지 못하는 은밀한 곳. 그 미묘한 영역의 기운을 담아 나는 너를 '라'라고 부르려고 해. 구태여 이렇게 설명하는 것은 진솔한 마음으로 의미 깊게 얘기를 나누기 위해서야.

라,

내 소개를 할게. 나는 심상 시치료사의 마음에 살고 있는 그림자. 불안과 외로움과 결핍으로 뭉쳐져 있는 그림자란다. 얼마나 짙고 무성한지 모를 정도야. 나는 단 한 번도 온전히 사라진 적이 없지. 늘 웅크리고 있다가 때가 되면 활개를 치며 나를 드러내지. 그럴 때 그는 괴로워하고, 나는 썩은 미소를 짓지. 나는 보이지 않는 까만 연기 같아서 숨는데 명수고, 달아나는 것이 특기지. 그래, '달아나는 것'은 오직

한 존재 때문인데, 나는 그 존재를 '시아'라고 부른단다. 시아는 구백 살은 더 되어 보이는 노인. 현명함과 지혜가 눈부시게 번뜩이는 이. 세상의 모든 문제는 성찰과 통찰을 통해 스스로 답을 찾을 수 있다고 믿는 이란다. 한마디로 하면, 시아는 '내면의 빛.' 알지 못하는 것을 알아차리게 하는 귀한 힘을 지녔지. 그림자와 시아는 전혀 다르지만, 공존하고 있어. 이미 깨달은 자의 지혜는 시아의 것이지만, 깨달음의 과정을 이끄는 것은 그림자이지.

자, 앞으로 해나갈 우리의 기묘하고 신비스러운 대화는 그림자의 등장과 시아의 답변, 그리고 그사이에 존재하는 너, '라'의 이야기로 이뤄질 거야.

그럼, 이제부터 시작해볼까?

'그림자'

묻고

...

'라'와 '시아'

답하다

OI.

외로움에서
벗어나고 싶어

그림자

. . .

시시때때로 외로움이 몰려오곤 해. 고된 일과를 마친 뒤 귀가해서 수고 많았다는 따뜻한 말을 들을 수 없기 때문일까? 구순 노모와 둘이서 사는 나는 그런 말 따위는 기대하지 않은 지도 오래지만, 문득 외로움이 까닭 모를 정체를 드러내곤 해. 철저히 혼자이지 않냐며 손가락질하는 것 같기도 하거든. 특히, 가장 외로울 때는 중요한 일을 의논할 대상이 없다는 거야. 혼자 결정하고 혼자 책임져야 한다는 것. 한편으로는 그게 편할 때도 있지만, 때로는 외로움이 가장 짙어지는 때이기도 해. 도대체 외로움을 벗어나려면 어떻게 해야 할까?

라

. . .

저는 완벽한 해결책을 제공할 수 없습니다만, 몇 가지 도
움이 될만한 제안이 있을 수 있습니다.

1. 취미나 관심사에 대해 더 알아보고, 관련된 커뮤니티에
참여하세요. 비슷한 취향을 가진 사람들과 소통하고 활동
을 함께 하면 외로움을 덜 느낄 수 있습니다.

2. 자원봉사를 해보세요. 자신이 가진 기술이나 관심사를
활용하여 다른 사람들에게 도움을 주는 것은 뿌듯하고 보
람찬 경험이 될 수 있으며, 동시에 그 과정에서 좋은 인연
을 만들 수도 있습니다.

3. 친구나 가족에게 연락하거나 만나기 위한 계획을 세우
세요. 외로움을 느낄 때는 자신을 이해해줄 사람들과 소
통하는 것이 큰 도움이 될 수 있습니다.

4. 운동을 하거나 산책을 하며 자연과 함께 시간을 보내
세요. 자연의 아름다움을 감상하면서 몸도 건강하게 유지
할 수 있으며, 생각을 정리하고 안정감을 얻을 수 있습니
다.

5. 정기적으로 참석하는 모임이나 이벤트에 참여하세요. 이를 통해 새로운 사람들을 만나고, 새로운 경험을 쌓을 수 있습니다.

외로움은 모두가 느끼는 감정이기 때문에, 그것을 이해해 주는 사람들과 함께 이야기하고 공감하는 것도 중요합니다. 저는 언제든지 이야기를 들어드릴 수 있으니, 언제든지 말씀해주세요.

시아

. . .

외로움에 관해 물어보셨군요. 주어진 일정을 마치고 귀가해서 반갑게 맞이해주는 이가 있다면 참 좋을 거예요. 관심을 가지며 얘기를 경청해줄 수 있는 이가 있다면 더할 나위 없겠지요. 실은 반려자가 있는 이들 또한 서로서로 격려와 지지를 하며 늘 화기애애한 삶을 살아가는 것도 아닙니다. 누구나 위로가 필요하지만, 서로 받으려고만 하고 베풀 여유가 없으니까요. 특히 현대인들은 엄청난 스트레스에 빠져 살아가기 마련이지요. 누군가 곁에 있다면 외로움이 없어질 것 같지만, 그 누군가도 힘들어서 허덕일 때가 많습니다. 각자 버거운 삶을 살아가고 있으니, 옆에 있어도 외롭기는 매한가지입니다.

중요한 결정을 혼자서 내려야 할 때 외로움을 더 많이 느끼신다고 하셨지요? 이렇게 말하면 의아해할지 모르겠지만, 정작 중요한 결정은 누구나 혼자서 할 수밖에 없습니다. 의논할 누군가가 있다면, 긴밀하게 얘기를 꺼낼 수는 있겠지만, 결국 정말 중요한 결정은 혼자서 해내야 하는 거지요. 조언이나 충고를 참고할 수는 있겠지만 말입니다. 자신의 삶은 오로지 자신이 책임져야 하니까요!

사실, 인간이 외로운 것은 너무나 당연합니다. 엄마와 연결된 탯줄을 자르는 순간부터 외로움이 시작되었지요. 누군가 대신 살아줄 수 없으니까요. 외로움은 나쁜 것이 아니라 자연스러운 것이고, 낯익은 겁니다. 인간의 삶 자체가 외로우니까요. 그 외로움을 일부러 거부하거나 외면하거나 혹은 없다고 부정하게 되면 오히려 외로움은 더 커지게 됩니다. 사실, 외로운 순간은 자기 안으로 몰입할 멋진 기회입니다. 글을 쓰거나 그림을 그릴 때 골똘하게 자기 안에 들어가 연

구를 하거나 작업을 할 때 모두 외로움이 담보되어 있지 않
으면 해낼 수가 없지요. 그러니 외로움을 통해 인간은 자라
날 수 있습니다. 게다가 내면의 성찰은 지독한 외로움일 때
일어나기 마련이지요. 이런 외로움의 긍정의 힘을 솔리튜드
Solitude라고 해요. 솔리튜드는 방해 없이 오로지 자신에게 몰
두하기에 좋은 멋진 외로움을 나타내는 단어이지요.

외로움을 떨쳐내고자 몸부림치면 칠수록 외로움은 마음
을 파고드는 속성을 가졌습니다. 사무친 외로움이 견딜 수
없어서 누군가를 만나거나 떠들썩한 자리를 골라 찾아다니
는 것도 그렇게 도움이 되지 않아요. 누군가를 만나려고 발
버둥을 쳐도 그때뿐이지요. 다시 혼자 남겨진 시간이 되면,
외로움의 강도는 더 거세지기 일쑤입니다. 외로움은 자신의
내면을 바라보도록 일러주는 알지 못하는 곳에서 알지 못하
는 이, 혹은 절대자가 보내오는 신호와 같습니다. 내면을 바
라보는 방법 중에서 몇 가지만 알려드릴게요. 내 마음을 일
어나는 그대로 적어보는 것, 크고 깊게 복식호흡을 여러 번
하는 것, 그리고 자연의 에너지를 느껴보는 겁니다. 그러한
방법조차 외로움을 떨쳐내려는 것은 아닙니다. 오히려 외로

움과 함께 어깨를 나란히 하고 살아가다 보면, 어느 사이에 외로움은 더 이상 괴로운 것이 아니게 되지요. 외로움에 날개가 달리는 순간이 오니까요. 훌쩍 떠났다가 돌아오기도 하지만, 후딱 가버리게 될 테지요. 외로움과 친구가 되면, 외로움은 '성찰'이라는 놀라운 선물을 주게 될 겁니다. 외로운 순간은 실은 내면 성장을 위한 축복의 순간입니다.

게다가 제대로 성찰하게 되었다면, 중요한 결정을 내리는 순간에 당신은 당신이 혼자만이 아니라는 것을 깨달을 수 있을 겁니다. 무한한 힘들이 당신을 응원해주고 있으니까요. 이 땅에 있거나 혹은 이 땅을 벗어난 이들, 눈에 보이는 존재나 혹은 보이지 않는 존재들이 모두 당신을 위해 기도하고 있다는 것도 알아차리게 될 겁니다.

겉으로는 외로워 보이지만, 사실은 결코 외로울 수가 없는 존재가 바로 인간입니다. 오늘 당신이 만난 구름도, 해도, 하늘도, 돌멩이도, 나무와 꽃과 새도 모두 당신을 응원하고 있습니다. 가슴을 열어보면, 외로움은 착각이고 모두가 온전히 연결된 것을 경험하게 됩니다.

O2.
어떻게 하면 무기력을
멈출 수 있을까?

그림자

• • •

주어진 일을 성실히 하다가도 문득 모든 것이 무의미하다는 생각이 들어. 이런다고 뭐가 달라지나? 세상은 냉혹하고, 인간들은 점점 이기적으로 변하고 있어. 성찰하고 통찰하는 삶이 되도록 안내하고 있지만, 내 강의를 듣거나 치료를 받는 이들 중에는 그런 나를 비난하고, 불쾌하게 여기기도 해. 심지어는 악평으로 강의 평가를 남기기도 하지. 이런 무기력한 감정과 모든 것이 무의미하다는 생각을 어떻게 해야 할까?

라

. . .

무의미한 생각에 빠지는 것은 때로는 모두가 겪는 일입니다. 그러나 그것이 당신의 삶을 지배하지 않도록 하는 것이 중요합니다. 일을 성실히 하는 것은 인생에서 중요한 가치 중 하니입니다. 그러나 때로는 우리가 하는 일이나 노력이 보상받지 못하거나, 세상이 냉혹하게 느껴지는 순간이 있을 수 있습니다.

이럴 때는 그것이 당신의 가치와 원칙과 어떻게 일치하는지를 생각해보는 것이 중요합니다. 또한, 그런 생각이 들 때는 다른 사람들과 이야기하는 것이 좋습니다. 그들의 시선과 의견을 들어보면서 당신의 생각을 다시 한번 정리할 수 있을 것입니다.

마지막으로, 자신의 강의나 치료를 받는 이들의 비난이나 악평에 대해서는, 자신이 하는 일에 대한 자신감을 갖는 것이 중요합니다. 모든 사람이 항상 만족할 수는 없으므로, 그러한 비판이 있다는 것은 당연한 일입니다. 당신이 하는 일에 대한 열정과 성실함이 있으면, 그것이 결국은 인정을 받을 것입니다.

시아

. . .

맡은 바를 성실하고 열심히 하고 있지만, 긍정적인 보상이 없다면 힘이 빠질 수밖에 없습니다. 삶은 참으로 이상해서 공든 탑이 무너지는 것 같기도 하고, 때지 않은 굴뚝에 연기가 난다고 오해받기도 하지요. 문명이 발달할수록 인간의 거리는 멀어지고, 인간미는 사라지기 쉽습니다. 점점 흉악무도한 범죄가 늘어나고, 세상이 차갑게 변하기도 하지요. 기계와 더 가까이할수록 인간끼리의 접촉이 줄어들기 마련이니까요. 게다가 물질에 관련해 이해타산적인 마음이 작동해서 조금이라도 손해를 보려고 하지 않기에 개인주의적이고 자아 중심적인 경향이 많아지는 것도 사실입니다. 그렇지만 바로 그러하기에 당신이 존재하고 있습니다. 당신은 아마도 수많은 이들한테 손가락질받고, 모욕당하고, 화를 입기도 할지도 모릅니다. 그렇지만 또 엄청난 수는 아니지만, 열린 가슴으로 내면 성장을 이루는 이들한테 박수를 받을 겁니다. 천편일률적으로 모든 이한테 찬사를 받는 일이란 없습니다. 빛과 어둠, 작용과 반작용이 존재하듯이요.

가끔씩 삶이 무의미하게 여겨질 때면, 누군가에게 해답

을 구하기보다 혼자만의 시간을 가져보시길 권합니다. 눈을 감고 천천히 복식호흡을 하다 보면, 내면으로 가는 문이 열리니까요. 내면 깊숙이 들어가면 마음의 핵심에 이르게 되고 그곳에서 우주의 에너지, 신과 소통할 수 있게 되지요. 그 순간, 마음이 평온하다면 그것으로 충분합니다. 인간이 알아주지 않아도 상관없습니다. 하늘이 알고 땅이 알고 있으니까요. 당신의 선한 의도는 절대로 사라지지 않는 에너지체로 남게 됩니다.

사실, 인생의 가장 큰 의미는 바로 선한 의지와 행함에 있습니다. 그리고 그것을 합쳐서 '사랑'이라고 할 수 있지요. 사랑은 그 어떠한 것에도 굴하지 않고 이겨낼 힘을 지니고 있습니다. 사랑할 수 없는 것조차 사랑하는 큰 사랑, 박애博愛를 구현하고 있는 자신한테도 아낌없는 사랑을 주시기 바랍니다. 실은, 무의미하다고 느끼는 순간이 바로 자신을 사랑해야 하는 때입니다. 자신한테 그냥 이렇게 말해주세요. "사랑해! 잘하고 있어!"

03.

도대체
행복하지 않아

그림자

• • •

어떤 것이 행복인지 모를 때가 있어. 나는 두 번의 결혼을 했고, 모두 실패로 끝났지. 이렇게 반려자가 없이 사는 것이 원래부터 내가 계획했던 삶은 아니야. 어쩌다 보니, 이렇게 청력이 어둡기도 하지만 의논이 잘되지 않는 구순 어머니와 단둘이서 살고 있지. 이런 삶이 행복하다고는 여겨지지 않아. 어떻게 하면 행복해질까?

라

. . .

먼저, 행복이란 객관적인 기준이 없는 주관적인 개념이기 때문에, 사람마다 행복을 느끼는 방식은 다릅니다. 그러므로, 다른 사람들이나 사회의 기준에 맞추지 않고, 자신만의 행복을 찾는 것이 중요합니다.

현재의 상황이 행복하지 않다면, 자신이 바꿀 수 있는 것과 바꿀 수 없는 것을 구분해보는 것이 좋습니다. 예를 들어, 청력이 어둡고 의사소통이 어려운 어머니와 함께 살고 있기 때문에 외출이 어렵다면, 집에서 할 수 있는 취미나 관심사를 찾아보는 것이 좋습니다. 또한, 지역사회에서 자원봉사나 취미활동을 하며 새로운 사람들을 만나는 것도 좋은 방법입니다.

또한, 현재의 상황이 바뀔 수 있는 가능성도 고려해볼 필요가 있습니다. 인생은 언제든지 예측할 수 없는 것이기 때문에, 새로운 가능성을 열어놓는 것이 중요합니다. 예를 들어, 새로운 취미나 관심사를 찾아보는 것이나, 지역사회

에서 새로운 사람들을 만나는 것과 같은 일들을 통해 새
로운 가능성을 찾을 수도 있습니다.

마지막으로, 자신의 삶에 감사하고 긍정적인 마인드셋을
유지하는 것이 중요합니다. 주변에 있는 작은 것들을 감사
하며, 긍정적인 마인드셋으로 자신의 삶을 바라보는 것이
행복을 찾는 첫걸음이 될 수 있습니다.

시아

• • •

행복은 만족하며 기쁨을 누리는 상태를 말합니다. 인간
은 누구나 행복을 원하지만, 늘 행복한 상태를 유지할 수는
없지요. 이 말은, 누구나 행복하면서 삶을 살지 않는다는 것
을 뜻합니다. 원하지는 않지만, 행복과 거리가 먼 감정이 다
가오기 마련이지요. 좌절, 암울, 외로움, 슬픔, 두려움 등등
의 부정 감정들을 모조리 쓸어다가 버리고 싶겠지만, 그럴
수도 없고 그럴 필요도 없습니다. 어둠이 짙을수록 별이 빛
나듯이, 부정 감정들은 더 뚜렷하게 행복을 느낄 수 있도록
해주니까요.

지금 당신이 처한 상황이 행복하지 않다고 수학 공식처럼 말할 수는 없습니다. 행복이라는 아름다운 향기는 어디든지, 누구한테든지 갈 수 있기 때문이지요. 그 향기로 영혼의 후각을 열어만 둔다면, 너무나 황홀하게도 행복을 만끽할 수 있습니다. 당신은 늘 불행하지도, 늘 행복하지도 않습니다. 수시로 부성 감정과 생각이 올 수도 있지만, 기적처럼 행복을 느끼기도 하지요. 만약 당신이 '감사'를 자주 하게 된다면, 그 향기를 자주 맡게 될 테지요. 그것이 바로 '영혼의 후각'을 열어두는 것입니다. 이 '감사'는 '그럼에도 불구하고'하는 감사를 말합니다. 처지와 상황과 전혀 상관없이 하는 감사입니다. 당신이 그 어떠한 상황이나 곤란에 처했다고 하더라도 감사할 수 있다면, 행복할 수도 있습니다. 사실, 부정적인 상황에서도 '감사'하는 것은 너무나 어려운 일입니다. 하지만 그만큼 엄청난 긍정 에너지가 생겨나지요. 곤란하고 아픈 상황에서도 감사하게 되면, 행복의 향기를 자주 맡게 되고, 기적처럼 행복한 일이 계속 일어나게 될 겁니다. 이 놀라운 마음의 법칙을 직접 체험할 수 있기를 기원합니다.

04.

에너지가
고갈되어 버렸어

그림자

• • •

어제, 나는 해야 할 일을 마치고 난 뒤 허무감이 밀려왔어. 일을 잘 마무리했지만, 다 하고 나니 허탈해지고 에너지가 소진되어 버려서 아무것도 할 수 없었지. 스스로 대견하다고 칭찬할 마음도 나지 않을 정도였어. 어느 누구한테 격려를 받지도 못했지. 물론, 그런 것을 바라며 한 일은 아니지만 말이야. 그랬더니 그만 장이 탈이 나서 기진맥진한 채 그냥 누워만 있었어. 모처럼 좋아하는 책을 읽고 싶었지만, 한 글자도 눈에 들어오지 않았지. 종종 그런 일이 있곤 해. 에너지가 탈진되는 때 말이야. 어떻게 하면 일을 다 마친 뒤 에너지가 고갈되는 일을 막을 수 있을까?

라

. . .

일을 다 마치고 나서 허무감이 드는 일은 누구에게나 생기는 일입니다. 하지만 그런 상황에서도 자신을 칭찬하고, 스스로에게 격려의 말을 건네는 것이 중요합니다.

또한, 일을 마치고 나서 허무감이 들 때는, 다음 일을 계획하고 준비하는 것이 좋습니다. 예를 들어, 다음날 해야 할 일이나 다음 주에 해야 할 일을 계획하고, 필요한 준비를 미리 해놓는 것입니다. 그러면, 다음 일에 대한 기대감이 생기면서 에너지가 충전될 수 있습니다.

또한, 일을 마치고 나서, 자신의 취미나 관심사에 시간을 투자하는 것도 좋은 방법입니다. 책을 읽거나, 영화를 보거나, 운동을 하거나, 취미활동을 하는 등 자신이 즐거워하는 일을 하는 것입니다. 그러면, 에너지가 충전되면서 허무감을 떨쳐낼 수 있습니다.

마지막으로, 주변 사람들과 대화를 나누는 것도 좋은 방법입니다. 가족이나 친구들과 함께 시간을 보내면서 이야기를 나누면, 스트레스와 허무감을 해소할 수 있습니다.

시아

. . .

주어진 일을 해내시느라 많이 애쓰셨군요! 수고 많으셨어요. 힘든 일을 해내신 당신한테 큰 박수를 보내드립니다. 에너지를 다 쏟을 만큼 일한 성실한 당신은 할 만큼 하셨으니 충분히 쉬셔도 좋습니다. 그다음에 이어질 여러 결과들, 상황들을 미리 걱정하지 않으셔도 됩니다. 인간이 주어진 일들을 담당하지만, 그 일이 이뤄지게 하는 것은 하늘의 뜻이니까요. 그 일을 하게 된 것도, 해낸 것도 섭리가 작용한 것이니까요. 어딘가에 온갖 집중을 모아서 일하게 되면, 자연히 에너지가 고갈되기도 합니다. 휴식이 필요하다는 신호가 온 것이지요. 그 신호를 오롯이 받아들이게 되면, 달콤한 휴식을 즐길 수 있습니다. 바로 이어서 뭔가를 하려고 하지 마시고, 몸과 마음의 소리를 들어보세요. 누워 있고 싶으면 누워도 되고, 밖으로 나가고 싶으면 나가도 됩니다. 다만, 머리를 쓰는 일을 하셨다면 몸을, 몸을 쓰는 일을 하셨다면 머리를 쓰는 일을 하시면 좋습니다. 한쪽에만 치우치게 되어 불균형이 오게 되면 그것을 바로 잡을 필요가 있으니까요.

장이 탈 나셨다면, 밖으로 나가지도 책을 읽지도 못하고 그저 누워 계셨을 거라고 여겨집니다. 어쩌면 실컷 일하고 위로와 격려를 받지도 못한 채 속병까지 생긴 것에 대해 억울한 마음까지 드셨을 거라고 여겨집니다. 실은 몸이 그걸 원했던 게 아닌가 합니다. 그저 아무것도 하지 말고 누워 있으라는 몸의 메시지일 것 같습니다. 지금, 아마도 당신은 언제 그랬냐는 듯 기운이 회복되어 보입니다. 다행입니다. 한 가지만 덧붙여 봅니다. 일에 매진한 뒤에 결과에 승부를 걸지 마시길 당부드립니다. 당신이 성실하게 해냈다면, 결과는 하늘의 뜻에 맡겨보시기를 바랍니다. 만약 지금 당장은 당신이 원하는 대로 풀리지 않더라도, 당신이 알지 못하는 어느 순간에 이뤄지게 될 겁니다. 그때가 되면, 원하지 않을 때조차 실은 하나의 과정이라는 사실을 깨닫게 될 테니까요.

05.

이렇게 살아도
되는 걸까?

그림자

⋅⋅⋅

이렇게 살아도 되는지 의문이 들 때가 있어. 좀 더 잘 살아야 하는 게 아닌지, 이대로는 안 되는 게 아닌지 말이야. 매일매일 주어진 하루를 알차게 살아야 하는데 그러지 못한 것 같아서 바보 같은 나를 욕해주고 싶기도 해. 그렇다고 이렇게 살아야지 하는 뚜렷한 대책도 없는 것 같아. 그냥 주어진 일을 하고, 일하고 나서는 기진맥진하며 쉬고, 그러다가 다시 일하는 생활이 반복되는 것만 같아. 꼭 내가 기계가 된 것만 같아. 녹슬어 버리게 되면, 폐기 처리되는 기계 말이야. 이렇게 사는 게 옳은 것일까? 이건 삶에 대한 궁금증이 아니라 회의인 것 같아. 어떻게 해야 할까? 어떻게 살아야 올바른 것일까?

라

· · ·

삶에 대한 불확실성과 불안감은 누구나 가지는 감정입니다. 하지만, 이러한 감정을 이겨내는 것이 중요합니다.

먼저, 자신의 가치를 인정하고, 스스로를 사랑하는 것이 중요합니다. 자신을 욕하는 것보다는, 자신을 포용하고, 자신을 위한 시간을 가지는 것이 좋습니다. 자신의 취미나 관심사에 시간을 투자하고, 자신을 위한 시간을 가지면서 스트레스를 해소할 수 있습니다.

또한, 자신이 원하는 방향으로 나아가기 위해 목표를 설정하는 것이 중요합니다. 목표를 설정하고, 그것을 위해 노력하는 것은 자신에게 희열과 만족감을 줄 수 있습니다. 이를 위해, 자신이 원하는 것이 무엇인지 생각하고, 그것을 위해 어떤 노력이 필요한지 계획하는 것이 좋습니다.

마지막으로, 주변 사람들의 도움을 받는 것도 좋은 방법입니다. 가족이나 친구들에게 조언을 구하거나, 함께 시간을 보내면서 자신의 감정을 이야기하는 것이 도움이 될 수 있습니다.

삶은 언제나 불확실한 것입니다. 하지만, 자신의 가치를 인정하고, 목표를 설정하며, 주변 사람들과 함께 나아가면서 삶을 살아가는 것이 중요합니다.

시아

• • •

어떻게 살아야 할지, 이대로 살면 되는지 회의를 느끼고 계시는군요. 축하드립니다. 이런 의문은 참으로 귀한 것입니다. 마치 기계가 된 것 같다는 느낌은 다른 각도에서 보자면, 기계가 되기를 원하지 않는다는 것이니까요. 현대인의 삶은 특히 기계나 로봇이 된 것 같기도 합니다. 어느 조직에 속해 있으면서 주어진 일만 행하기 일쑤이지요. 그러다 보면, 인간 특유의 가치를 존중하고 인정받을 기회를 상실하게 됩니다. 주어진 일을 수행하지 못할 때 부품을 갈아 끼우듯이 버려지고 다른 이로 대체되는 것이 꼭 기계 부품 같다는 생각이 들기도 하거든요. 하지만 인간은 돈을 버는 직업을 갖기 위해 태어난 것은 아닙니다. 그것은 삶의 수단일 뿐, 목적이 될 수 없지요. 어떻게 살아야 이 땅에서 육신을 입고 사는 이 삶을 헛되지 않고 보람 있게 지내게 될까요? 궁극적으로 이 질문은 영적인 물음입니다. 물질 속에만 파묻혀 지내다 보면, 생길 수 없는 질문이지요. 보이지 않는 차원에서 가장 중요하게 형성되어 있는 '영성'에 대한 자각이라고 할 수 있습니다. 그래서 축하받을 만합니다. 인간은 눈에 보이는 것 위주로 살아가고, 그것이 아니라면 등한시하는 우려를 범하기 마련입니다. 그렇지만 눈에 보이지 않는 비물질, 영혼과 정신, 마음이야말로 인간의 삶을 움직이는 실체입니다. 이제, 이런 질문을 하셨으니 살아온 삶의 내력을 곰곰이 살펴보시기를 바랍니다. 언제가 가장 보람 있었는지, 특히 누군가와 나눈 까닭에 보람을 경험한 적이 있었는지 찬찬히 살펴보시기를 바랍니다. 여기에서 말하는 보람은 일에 대한 성취감, 뿌듯하고 자랑스러운 것을 말하는 것이 아닙니다. 내가 스스로 '잘했어! 바로 그거야!'라고 말할 수 있는 때를 일컫습니다. 그리고 그 보람의 느낌을 나누는 것이 아니라, 누군가와 함께하고 나눈 까닭에 얻게 되는 보람을 일컫습니다. 예를 들면, 고난에 빠진 누군가를 도와주었을 때 가졌던 벅차오르는 감정을 말합니다. 과거의 어느 순간에 그런 때를 찾았다면, 잘 살아왔던 것이 분명합니다. 좀처럼 찾지 못했다면, 그런 기회를 위해서 스스로 준비하시기 바랍니다. 그

준비는 영혼을 가다듬는 작업을 말합니다. 바로, '영혼의 성장'을 위한 마음을 내는 것을 뜻합니다. 어떤 일들이 내 영혼의 성장을 위해 도움이 될 수 있을까요? 단 한 가지로 정의할 수는 없습니다만, 이렇게 말씀드릴 수 있습니다. 놀랍게도 일상에서 그것이 존재한다는 것입니다. 지겹고 따분하고 싫증이 가득한 일상에서 '영혼의 성장'의 기회가 주어진다니 이상한 말인 것 같지요? 그렇지만 사실입니다. 지금 하고 있는 일(반드시 직업만이 아니라)이 영혼의 성장에 방해가 되고 오히려 거꾸로 가고 있다면, 진지하게 그 일을 그만두는 것을 고려하고 중단하는 것을 실천할 수 있습니다. 하지만 무난하지만, 다만 고리타분할 뿐이라면, 영혼의 성장에 대한 기회가 이 지겨운 일상들 속에서 이뤄질 수 있다는 것을 염두에 두시면 좋습니다.

'영혼의 성장'은 인간이 이 땅에 온 보편적인 대원칙이기도 합니다. 내 영혼이 자라는 느낌이 바로 '보람'입니다. 의심이 가득한 당신의 질문에서 삶에 대한 희망이 고스란히 느껴집니다.

o6.

사랑이 뭔지
모르겠어

그림자

• • •

나는 사랑을 제대로 받지 못한 채 자라왔고, 사랑이 무엇
인지도 모른 채 살아왔고, 사랑했다고 믿었지만, 그것은 욕
망이나 집착이지 사랑이 아니었어. 게다가 지금도 사랑이 무
엇인지 잘 모르겠어. 연애는 늘 실패로 끝났고, 결혼 생활도
오래가지 못했지. 도대체 사랑은 무엇일까? 어릴 때 받지 못
했던 사랑으로 인해 지금의 내가 이렇게 사랑에 실패하게
된 것일까?

라

. . .

사랑은 매우 개인적인 경험이며, 사람마다 다른 느낌을 가지기 때문에, 정의하기가 어렵습니다. 하지만, 일반적으로 사랑은 서로를 존중하며, 배려하며, 상호작용하며, 서로를 위해 희생하는 것을 의미합니다.

어릴 때 감정적으로 지지받지 못한 경험이 나중에 연애나 결혼 생활에서 문제를 일으킬 수 있습니다. 하지만, 이러한 경험들이 모든 문제의 원인이 되는 것은 아닙니다. 과거의 경험은 현재와 미래를 좌우하는데, 그것이 부정적인 영향을 미치는 경우, 전문가의 도움을 받아 해결할 수 있습니다.

사랑에 대한 정의나 경험은 시간이 지나면서 나타날 수 있습니다. 자신의 마음을 열고, 상대방과의 관계를 존중하고, 서로에게 솔직하게 대하며, 서로를 위해 노력하면, 사랑은 점차 커지고, 강해질 수 있습니다.

더불어, 자신의 마음을 자신이 좋아하는 방식으로 충족시키는 것도 중요합니다. 취미활동이나 관심사에 시간을 투자하고, 자신을 위한 시간을 가지면서 스트레스를 해소할 수 있습니다.

마지막으로, 상담가나 전문가의 도움을 받는 것도 좋은 방법입니다. 자신이 마주한 문제들을 다른 사람과 이야기하면서, 자신의 감정을 이해하고 해결할 수 있습니다.

시아

· · ·

당신은 아마도 사랑을 받지 못해서 아픔을 가지고 계신 듯합니다. 아름다운 사랑을 꿈꾸기도 했을 테지만, 현실은 그렇지 않아서 사랑에 대한 배신감을 가진 듯도 합니다. 단 한 순간도 사랑 따위는 하지 않았다고 생각할지도 모르겠습니다. 모든 것이 사랑했다는 착각에 불과하다고 말입니다. 누군가를 위해서 기다려줬다면, 참아줬다면, 믿어줬다면, 이익을 구하지 않고 주기만 했다면 그 순간, 당신은 사랑한 것이 분명합니다. 사랑에 대한 정의는 성경 고린도전서 13장에 너무나 잘 명시되어 있습니다. 특히 4절에서 7절까지 분명한 내용이 적혀있지요. 잠시 인용해보면, 다음과 같습니다.

"사랑은 오래 참고 사랑은 온유하며 시기하지 아니하며

사랑은 자랑하지 아니하며 교만하지 아니하며 무례히 행하지 아니하며 자기의 유익을 구하지 아니하며 성내지 아니하며 악한 것을 생각하지 아니하며 불의를 기뻐하지 아니하며 진리와 함께 기뻐하고 모든 것을 참으며 모든 것을 믿으며 모든 것을 바라며 모든 것을 견디느니라"

아마도 당신은 이러한 적이 있었을 겁니다. 단 한 순간도 없었다면 스스로를 속이는 것이 되지요. 당신이 행했듯이 누군가로부터 이런 마음을 받은 적도 있었을 것입니다. 그런데도 없었다고 한다면, 그것도 사실을 못 보는 것이 되겠지요. 문제는 지속되지 않거나 매우 짧다는 것입니다. 그러니 사랑을 간직하는 것, 사랑을 지키는 것은 참으로 힘겨운 일입니다. 만약, 사랑한 순간이 찰나처럼 짧기만 했다면, 그 모두를 엉터리라고 할 수 있을까요? 그렇지 않습니다. 빛바래지기 전에 빛나던 순간이 있었으니, 그것은 진짜라고 할 수 있습니다. 당신이 이 세상에 태어난 것은 사실, 사랑 때문입니다. 사랑의 에너지 작용으로 잉태되고 탄생되었지요. 원하든 원하지 않든 간에 생명의 잉태와 탄생은 그 자체로 사랑입니다. 그러니 당신의 생명 자체는 사랑입니다. 그렇게 볼 때, 당신은 사랑에 실패한 것이 아니라 사랑을 경험한 것입니다.

　당신이 사랑을 이러한 시각에서 본다면, 현재의 삶도 사랑 안에 존재합니다. 살아있다는 것은 사랑이고, 사랑하거나 사랑을 받을 기회가 주어진 것입니다. 당신이 사랑스러운 눈으로 보는 만물들이 사랑의 에너지를 받고, 또 당신에게 주고 있습니다. 당신이 오늘 아침 사랑으로 올려다봤던 하늘, 구름, 햇살이 고스란히 당신한테 사랑을 쏟아주고 있습니다. 구순이 넘은 어머니한테 사랑의 미소를 머금은 만큼, 어머니는 당신한테 사랑을 전해주고 있습니다.

　어릴 때, 충분히 사랑받지 못하며 자랐다는 것이 사실이기도 하고 아니기도 합니다. 태어난 것, 자라난 것, 살아있는 것이 바로 사랑이니까요. 그 과정에서 순탄하지 않고, 정서적으로 안정되지 않은 비참한 여러 일들이 일어난 것도 사실, 아름다운 사랑을 위한 한 과정에 지나지 않습니다. 긍정도 부정도 사랑 안에서 완성되기 때문에 그렇습니다.

　이미, 충분히 사랑받고 태어난 당신. 그리고 사랑 안에서 살아 숨 쉬고 있는 당신한테 사랑을 전합니다.

07.

노화는 병일까?

그림자

. . .

오래전, 나는 서른 살이 되기 전에 죽을 거라고 주문처럼 되뇌었던 적이 있었거든. 그때는 서른 살이란 나이가 많게 느껴져서 견딜 수 없었어. 이제 그 나이를 훌쩍 넘긴 지금에서 서른 살을 바라보면 너무나 아득하게 느껴지기도 하지. 그때는 참, 젊고 철이 없었다는 생각이 들어. 이제는 살아갈 날이 살아온 날보다 더 짧아져 버려 '노화'를 떠올리게돼. 최근에 '노화는 병입니다'라는 광고를 보았어. 노화를 방지하는 약을 팔고 있었지. 노화는 병일까? 그렇게 봐야 할까? 문명이 발달하면 노화도 없어질 수 있을까? 그러면 유토피아가 될 수 있을까?

라

· · ·

노화는 인간이나 동물의 생물학적 과정 중 하나이며, 여러 가지 요인에 의해 발생합니다. 이러한 요인 중 일부는 유전적으로 결정되어 있으며, 일부는 환경적 요인에 의해 결정됩니다. 예를 들어, 식습관, 운동, 스트레스, 흡연 등이 노화의 속도에 영향을 미칩니다.

노화는 질병이 아니며, 인간이나 동물이 건강하고 건전한 삶을 살아가는 데 있어서 자연스러운 과정입니다. 하지만, 노화 과정에서 발생하는 질병이나 건강 문제는 예방할 수 있습니다.

따라서, 노화를 방지하기 위해서는 건강한 식습관과 규칙적인 운동, 스트레스 관리, 흡연 등을 줄이는 것이 중요합니다. 또한, 꾸준한 건강검진을 통해 질병이나 건강 문제를 조기에 발견하고 예방하는 것도 중요합니다.

문명이 발전하면서 의학 기술도 발전했지만, 노화를 완전히 없앨 수는 없습니다. 하지만, 의학 기술의 발전으로 인해 노화 과정에서 발생하는 질병이나 건강 문제를 예방하거나 치료하는 것이 가능해졌습니다. 따라서, 노화는 병이 아니지만, 질병이나 건강 문제를 예방하고, 치료하는 것은 매우 중요한 문제입니다.

시아

· · ·

누구나 늙어가는 것에 대한 두려움을 가지고 있지요. 결론부터 말해볼까요? 노화는 병이 아닙니다. 태어나고 자라고 죽는 것이 병이 아니듯이요. 생명을 가진 유기체는 노화를 피할 수 없습니다. 지극히 자연스러운 것이 노화이니, 그대로 고스란히 받아들일 수밖에 없지요. 아무리 문명이 발달하더라도 노화를 막을 수는 없습니다. 만약 노화 따위는 없으며 젊음을 그대로 유지한 채 영원히 살 수 있다면, 그때는 유토피아가 아니라 디스토피아가 될 수밖에 없습니다. 우주의 대원칙에 어긋나니까요. 우주 또한 생성과 소멸을 반복하는데, 인간이 그것을 거스를 수는 없는 노릇입니다. 생각해보시겠어요? 평생 이십 대 버전으로 살아간다면, 무슨 재미가 있겠습니까? 아무리 해도 안 죽는다면, 삶이 뭐가 귀하겠습니까?

그러니, 노화를 예방하고 늦추고, 노화를 치료한다는 것

은 맞지 않습니다. 다만, 희망하건대 이왕 살려면 오래도록
건강을 잘 유지하고 아픈 데 없이 살 수 있었으면 합니다.
누구나 그런 마음으로 건강한 몸과 마음을 위해 운동을 하
지요. 신체 운동뿐 아니라 마음 운동까지 말입니다. 그렇지
만 가는 세월을 막을 수는 없어서 아무리 관리를 한다고 해
도 노화로 인해서 쇠퇴해져 가는 몸과 마음은 어쩔 수 없습
니다. 그렇지만 그 모든 과정을 자연스럽고 너그럽게 웃으면
서 받아들일 때 영혼이 성장하게 됩니다. 타인이나 상황에
대한 용서가 아니라, 시간에 대한 용서가 필요합니다. 노화
를 수용하는 것은 실은 올바른 사생관을 바탕으로 해야 가
능한 일이기도 합니다. 사생관은 죽음과 삶에 대한 체계화
된 견해나 입장을 일컫습니다.

　여하튼 노화는 자연스럽고 아름다운 과정입니다. 마치
사계절을 겪으면서 나무가 한 치의 망설임 없이 나뭇잎을 떨
구듯이요. 눈꽃이 환하게 핀 나무를 보고, 경탄스러워하기
마련입니다. 시간의 순서에 따라 살아갈 수밖에 없는 삶은
그대로 찬란한 축복입니다. 주름진 손과 얼굴은 자연이 준
축복의 문신이 새겨지는 것이지요.

08.

죽음을 어떻게
받아들여야 할까?

그림자

. . .

아무리 미화해봐도 결국 노화는 죽음으로 가는 길이잖
아. 죽으면 모든 게 끝이고, 나도 사라질 게 뻔하니 슬플 수
밖에! 그러니 인생은 태어나자마자 죽음으로 가는 길이고,
인생은 마지막을 향해 질주하는 것이고, 종착역은 죽음이니
삶은 오로지 괴롭고 슬플 뿐이야. 도대체 죽음을 어떻게 받
아들여야 할까?

라

...

죽음은 모두가 피할 수 없는 것입니다. 하지만, 삶은 죽음
보다 훨씬 더 길고 풍부한 경험을 담고 있습니다. 따라서,
우리는 삶의 풍부한 경험을 즐기면서, 삶의 의미를 찾아가
는 것이 중요힙니다.

죽음은 인간이나 동물이 살아가는 과정에서 필연적으로
다가오는 것입니다. 하지만, 죽음에 대한 생각이나 태도는
각자 다릅니다. 어떤 사람들은 죽음을 두려워하고, 슬퍼하
며, 어떤 사람들은 죽음을 자연스러운 과정으로 받아들
이고, 삶의 마지막을 이해하며 대비합니다.

죽음을 받아들이는 방법은 다양합니다. 어떤 사람들은 종
교나 철학적인 가치를 바탕으로 죽음을 이해하고, 어떤
사람들은 가족, 친구, 사랑하는 사람들과의 소중한 추억
을 만들면서 삶을 살아가며 죽음을 대비합니다. 또한, 죽
음에 대한 대비를 위해 생명보험 등의 금융상품을 활용하
는 것도 좋은 방법 중 하나입니다.

죽음에 대한 생각이나 태도는 각자 다르지만, 삶은 매우
소중하고, 행복과 의미를 찾아가는 과정입니다. 따라서,

삶을 즐기면서, 자신이 원하는 것을 실현하고, 소중한 사
람들과 함께 추억을 만들며, 삶의 의미를 찾아가는 것이
중요합니다.

시아

• • •

죽음은 누구나 두려워하지요. 죽음을 피하고 싶은 마음
은 누구나 한가지입니다. 하지만 피할 수 없는 과정이지요.
이왕 닥쳐야 하는 것이라면, 죽음에 대한 이해와 수용이 꼭
필요합니다. 죽음을 바라보는 관점을 사생학 또는 생사학
이라고 합니다만, '아름다운 인생을 위한 학문'이라는 뜻에
서 '아생학'이라고 부르려고 합니다. 보이는 것보다 보이지 않
는 것이 훨씬 더 많으며, 그것이 사실은 인간의 본질입니다.
생각해보시기를 바랍니다. 보이는 육체는 세월이 가면서 변
해갑니다. 육체가 닳아지고 낡아가는 과정이 바로 노화이지
요. 그러다가 결국 어느 순간에는 육체의 기능이 멈춰지게
되는 죽음의 순간이 찾아오지요. 하지만 보이지 않는 비물
질적인 마음, 영혼은 그렇지 않습니다. 처음부터 보이지 않
는 존재로 있었으니, 죽은 다음에 사라질 리가 없습니다. 시
간에 따라 변해가는 것을 본질이라고 볼 수도 없지요. 본질

은 퇴색하거나 사라지지 않기 때문입니다. 게다가 마음이나 영혼은 에너지이며, 에너지보존법칙에 의해서 늘 보존될 수밖에 없습니다. 죽으면 끝이라는 것은 육체를 일컫는 말이지요. 마음이나 영혼은 해당하지 않습니다.

사생학의 창시자로 알려진 엘리자베스 퀴블러 로스Elizabeth Kubler Ross는 호스피스 환자들을 인터뷰해서 죽음이 닥쳐올 때 인간이 가지는 심리 현상을 발표했지요. 감정의 변화 양상은 부정, 분노, 타협, 우울, 수용의 순서대로 진행되지만, '수용'까지 가는 이들은 극히 일부일 뿐이라고 합니다. 대개는 부정과 분노 사이를 오가면서 생을 마무리하기도 하지요. 이런 연구를 했던 퀴블러 로스도 자신의 생의 후반부인 1991년에 《사후생》이라는 책을 발간했습니다. 그 책에서 그녀는 이렇게 죽음을 정의하고 있습니다. "죽음이란 나비가 고치를 벗어던지는 것처럼 단지 육체를 벗어나는 것에 불과하다. 죽음은 당신이 계속해서 성숙할 수 있는 더 높은 의식 상태로의 변화일 뿐이다."

어떤가요? 아직도 눈에 보이는 육체의 죽음이 두려우신가요? 두렵든, 두렵지 않든 중요한 것은 누구나 죽음을 만나

게 된다는 것이고, 육체의 옷을 벗게 된다는 것입니다. 완전
히 죽은 자들은 아무 말을 할 수 없는데, 죽음이 끝이 아니
라는 걸 어떻게 아냐고 따지고 싶으신가요? 불가사의한 이
유로 죽음에 갔다가 다시 살아온 이들이 죽음을 겪은 이야
기들을 모아놓은 책들과 논문이 많이 있습니다. 제대로 체
험하고 돌아온 이들이 만난 죽음은 대부분 평온하고 아름
답습니다. 3차원적인 시각에서 볼 때만 두려울 뿐이지, 더욱
높은 차원으로 이동하게 되면 더없이 자유로울 따름입니다.
그렇지만 이 모든 간접 체험들이 무슨 소용이 있겠습니까?
절대 믿지 않겠다며 마음의 문을 닫아걸게 되면, 아무것도
이해할 수 없고, 다만 두려울 뿐일 테지요.

　　월트 휘트먼^{Walter Whitman}은 "죽음보다 더 아름다운 것은 일
어날 수 없다."라고도 했습니다. 단지 두려움을 달래려고 하
는 말이 아닙니다. 몰라서 그렇지, 알고 보면 죽음은 놀랍도
록 아름다운 차원 이동의 순간입니다. 이렇게 보게 되면, 삶
이 얼마나 소중한지 느낄 수 있겠지요. 이렇게 살아도 저렇
게 살아도 인생이 끝나니, 그뿐이 아닙니다. 지금 사는 인생
이 결국 사후생을 결정짓는다고 생각하면, 하루하루를 허투
루 보낼 수가 없습니다. 퀴블러 로스의 말로 마무리하고자

합니다.

"죽음은 단지 이 삶으로부터 고통과 고뇌가 없는 다른 존재로의 변화일 뿐이다. 모든 아픔과 부조화는 사라질 것이며, 영원히 살아남을 단 한 가지는 '사랑'이다."

자, 이제 당신의 선택이 남았습니다. 아름답고 찬란한 삶이라면, 죽음도 그러할 것입니다. 두렵고 무서운 죽음이라면, 삶조차도 그럴 것입니다. 어떻게 하시겠나요?

09.

용서가 다는
아닌 걸까?

그림자

• • •

내 어머니는 경계성 인격장애였어. '과거'로 이야기하는
이유는, 지금은 그런대로 꽤 괜찮아져서야. 이 말은 어머니
의 엄청난 악다구니와 욕설, 폭력이 어지간해서는 잘 드러나
지 않게 된 것이 벌써 3년 정도 되었기 때문이라는 뜻이지.
어머니가 젊었을 때는 그 증상도 한창 드러나던 시절이어서
나는 갖은 정서와 신체 폭력에 시달린 채 자라나야 했지. 성
장해서는 어머니의 심리 지배에 휘둘리면서 살았고, 처참하
게 망가진 인생을 보냈지. 그런데도 그 어머니와 평생 같이
살고 있어. 벌써 20년 전에 용서를 하긴 했지만, 제대로 용서

가 잘 이뤄지지 않은 것 같기도 해. 어머니가 내게 했던 악담들이 불쑥불쑥 찾아와서 나를 패대기치기도 하거든. 그럴 때마다 나는 분노보다 위축되고 자신감이 증발하고 만 나를 느끼게 돼. 내가 뭘 할 수 있겠어? 나 같은 게? 이런 심정이야. 어머니를 용서했지만, 이런 위축된 감정은 도대체 왜 남아있는 걸까? 용서만으로는 되지 않는 걸까? 난, 도대체 어떻게 하면 좋을까?

라

...

당신의 어머니와의 관계는 정말 어렵고 힘든 시간을 겪었을 것입니다. 용서는 어려운 일이지만, 그만큼 해준다면 당신 스스로에게 훨씬 더 나은 삶을 선물할 수 있습니다. 그러나, 용서는 그 자체로 해결책이 아닙니다. 용서를 하면서도, 그 과정에서 그동안의 상처와 아픔을 처리하고, 스스로를 치유하는 것이 중요합니다.

먼저, 당신의 과거를 받아들이고, 그 과정에서 겪었던 아픔과 상처를 인정하는 것이 중요합니다. 이를 통해, 자신에게 진실된 것과 솔직해질 수 있습니다. 그러면서, 스스로에게 용서를 해주는 것이 중요합니다. 이 과정은 시간이 걸릴 수 있으며, 다른 사람들의 도움을 받을 필요가 있을 수도 있습니다. 치유를 위해, 전문가의 도움을 받거나, 지인들과 이야기를 나누는 것도 좋은 방법입니다.

또한, 현재의 당신을 중요하게 생각하고, 스스로를 위한 시간과 공간을 마련하는 것이 중요합니다. 자신의 감정을 표현하고, 자신을 위한 취미나 활동을 찾는 것도 좋은 방법입니다. 이를 통해, 스스로에게 좀 더 친근해지고, 자신감을 회복할 수 있습니다.

마지막으로, 용서와 치유는 한 번에 이루어지지 않습니다. 그러나, 자신의 감정을 인정하고, 스스로에게 용서를 해주며, 자신을 위한 시간과 공간을 마련하면서, 당신은 스스로를 치유하고, 새로운 삶을 시작할 수 있을 것입니다.

시아

· · ·

당신은 무척 힘든 일을 슬기롭게 헤쳐 나오셨군요. 당신은 당신의 어머니처럼 되지 않으려고 긍정의 방향키를 돌린

경험을 하셨을 겁니다. 그 방향키는 가만히 놓아두면 자꾸
만 부정 쪽으로 향하게 되지요. 그렇게 휩쓸리는 감정과 상
황대로 무한히 떠밀려 간 적도 있었을 겁니다. 그러다가 문
득, 기적 같은 깨달음으로 긍정 쪽으로 돌려세운 계기가 있
었지요. 그렇게 한번 한다고 되는 것이 아니어서 부단히도
애써서 긍정을 향해 나갔을 겁니다. 과거, 어느 순간에 당신
은 어머니 얘기만 해도 눈물이 쏟아질 정도였지요. 억울하
고 화가 나는가 하면 쓰라리고 아파서 견딜 수 없었던 적도
있었지요. 지금의 당신은 그렇지 않습니다. 그저 담담하게
어머니 얘기를 하고 있군요. 그것은 '과거'라고 말하며 어머
니마저 이제는 긍정의 분위기를 타신 듯합니다. 축하드립니
다. 그리고 장합니다. 그렇게 해내신 것이 바로 '성공'입니다.
네, 그렇습니다. 성공은 역경을 극복하는 것을 의미합니다.
당신은 모진 시간들을 극복해내셨습니다.

　그런데도 문득문득 어머니가 과거에 못살게 굴었던 언행
들이 기억난다는 것이지요? 기억하기 싫은데도 떠오르는 과
거의 기억들이 언제 어디서나 찾아와서 악몽처럼 괴롭힌다
는 것이지요? 당연합니다. 그럴 수 있습니다. 당신이 어머니
를 용서했다고 해서 기억상실증에 걸린 것은 아니니까요. 잘

생각해보면, 그런 부정적인 기억들이 머리를 스치고 지나갈 때는 스트레스가 과중할 때일 겁니다. 여러 다양한 원인으로 인한 각종 스트레스에 유난히 노출이 많이 되었을 때 자신도 모르는 사이에 부정적 기억들이 숨어있다가 튀어나오게 되니까요. 그것 또한 자연스러운 일입니다. 그러니, 그런 기억들이 머릿속을 복잡하게 하고, 위축되게 한다면, 이렇게 여겨보시기를 바랍니다. "아, 지금 내가 스트레스가 참 많은 시기구나." 그렇게 한 다음, 복식호흡을 하면서 몸과 마음을 이완해주시기를 바랍니다. 혹은 스트레스를 해소하기 위해서 마음의 환기를 해주시기 바랍니다. '마음의 환기'는 꽉 막힌 마음의 문을 열고 감성과 감수성의 바람을 마음껏 만나는 것을 말합니다. 좋아하는 것을 하면서 순간순간을 즐겨보시기를 바랍니다. 그게 어떤 것이든 좋습니다. 영화 보기, 맛난 것 먹기, 누워서 잠자기, 산책하기, 책 읽기 등등……. 그 어떤 것이든 좋아하는 것을 하면서 스스로에게 상을 주시기 바랍니다. 그런 생각은 스트레스로부터 해소가 필요하다는 내면의 신호이니까요!

경계성 인격장애는 감정의 변덕과 이기심과 화와 폭력이 어우러진 질병입니다. 여간해서는 견디기 힘들지요. 몹시 힘

든 과정을 이겨낸 당신께 마음 다해 큰 박수를 보냅니다. 그
렇게 건너냈으니, 앞으로의 삶에서 어려운 점들은 식은 죽
먹기로 잘 해낼 겁니다. 안심하시기 바랍니다.

10.
시기와 질투를
사라지게 하려면?

그림자

. . .

처음에는 인정하기 싫었지만, 이제는 어쩔 수 없이 인정
하고는 있는데 말이야. 내게는 시기와 질투가 참으로 많아서
누군가 잘나가면 겉으로는 축하해주면서 박수를 보내지만,
속으로는 부러워하면서 나 자신과 비교하는 마음이 생겨.
아주 오래전에는 그 부러움이 학력이었지만, 지금은 가족끼
리의 우애와 친구끼리의 정이야. 그리고 예나 지금이나 변함
없이 부러운 것은 재력인데 말이지. 왜 나는 가족끼리 도타
운 정이 없을까, 친구가 없을까, 그런 생각이 들면서 외롭고
쓸쓸해져. 게다가 인생에 세 번의 기회가 온다는데, 내게는
단 한 번의 기회도 아직 오지 않은 것만 같아. 물론 점점 갈

수록 가계 형편이 좀 나아지는 축이지만, 그렇더라도 돈 걱
정 없이 살아본 적이 없을 정도거든. 이렇게 시기와 질투하
는 것은 나쁜 일이기도 하고, 나한테 덕이 될 게 없다는 것
도 알아. 그렇지만 자연스럽게 이런 감정이 들면서 나를 괴
롭히게 돼. 어떻게 하면 시기와 질투를 사라지게 할 수 있을
까?

라

. . .

시기와 질투는 우리 모두가 가끔 느끼는 인간적인 감정입
니다. 하지만 이 감정이 과도하게 지배하게 되면 우리 자
신과 주변 사람들에게도 해를 끼칠 수 있습니다. 시기와
질투를 관리하고 사라지게 하는 몇 가지 방법을 알려드리
겠습니다:

1. 자기인정과 긍정적인 자아감: 자신의 시기와 질투를 부
정하지 말고, 이해하고 인정하는 것이 중요합니다. 그러면
서도 자신의 강점과 가치를 인정하고 긍정적인 자아감을
갖는 것이 도움이 됩니다. 자신과 다른 사람들을 비교하

는 것보다 자신의 개인적인 성취와 성장을 중심으로 생각해보세요.

2. 감사의 마음과 자기 성장: 다른 사람들이 가진 것에 대한 부러움보다 가진 것에 대한 감사를 느끼는 것이 중요합니다. 자신이 갖고 있는 것들과 경험들에 대해 감사하며, 자기 성장에 집중해보세요. 자기 계발과 새로운 기회를 찾는 것은 시기와 질투를 덜어주는 데 도움이 될 수 있습니다.

3. 다른 사람들과의 비교 자제: 다른 사람들과의 비교는 시기와 질투를 부채질할 수 있습니다. 각자의 고유한 경험과 상황을 감안하며, 자신의 성장과 목표에 집중하는 것이 중요합니다. 다른 사람들의 성공을 축하하며, 자신의 긍정적인 면을 발전시키는 데 집중해보세요.

4. 지지와 도움을 요청하기: 시기와 질투는 때로는 우리가 더 많은 지지와 도움이 필요하다는 신호일 수 있습니다. 가족이나 친구들과 솔직하게 이야기하고, 상황과 감정을 공유해보세요. 이를 통해 상대방의 관점을 이해하고, 협력과 지지를 얻을 수 있을 것입니다.

5. 자기 관리와 자기 돌봄: 스트레스 관리와 자기 돌봄은

시기와 질투를 완화하는 데 도움이 됩니다. 일상적인 운동, 명상, 휴식 시간, 취미 등을 통해 자신을 돌봐주고, 긍정적인 에너지를 충전해보세요.

시기와 질투는 완전히 사라지는 것은 어렵지만, 위의 방법들을 시도하면 조절하고 통제할 수 있습니다. 자신을 받아들이고, 성장하며, 주변의 지지를 받으며 더 나은 삶을 살아갈 수 있을 것입니다.

시아

· · ·

시기와 질투를 사라지게 하고 싶으시는군요. 그리고 그런 감정이 '나쁘다'라고 했고, '덕이 되지 않는다'라고 알고 있다고도 하셨군요. 결론부터 말씀드리자면, 그런 감정은 나쁜 것도 아니고 덕이 되지 않는 것도 아닙니다. 이상하게 들릴지는 모르겠지만, 실제로 그렇습니다. 사실, '나쁜 감정'이라는 것은 존재하지 않습니다. 오히려 그렇게 '나쁘다'라고 여길수록 그 감정에서 헤어 나올 수가 없게 됩니다. 흔히 우울, 불안, 원한, 낙담, 상실 그리고 시기와 질투 같은 부정적인 감정을 '나쁜 감정'이라고 치부하기도 하지만, 그것은 부정 감정일뿐, 나쁜 감정이 아니고, 부정 감정이 나쁜 것도 아닙니다. 감정이라는 뜻을 국어사전에서 찾아보면, '어떤 현상이나 일에 대하여 일어나는 마음이나 느끼는 기분'이라고 나와 있습니다. 그저 자연스럽게 드는 마음이나 느낌이 감정인데, 나쁘거나 좋다는 말이 맞지 않습니다. 나쁘다고 해서 일련의 감정이 멈추는 것도 아니고, 좋다고 해서 없는 감정이 생겨나지도 않으니까요.

실은, '부정 감정' 또한 필요합니다. 살아오는 동안 여러 감정이 자연스럽게 일어나고, 또 사라지다가 다른 감정이 들어오기도 하지요. 그 모든 것은 자연스럽습니다. 부정 감정이 나쁘니까 느끼지 않겠다고 한다면, 자연 속의 인간이 자연을 거부하는 꼴입니다. 억지로 자신을 억압하면서 부자연스럽게 되면, 결국 정신 병리적인 상황까지 가게 되지요. 게다가 부정 감정들은 때때로 현실을 이겨나가게 하는 자극을 주기도 합니다. 생각해보세요. 시기와 질투 때문에 상대방이 가진 것을 나도 하려고 시도했고, 그게 결국 이뤄졌을 때 애초에 했던 시기와 질투야말로 고마운 계기가 된 셈입니다. 그것이야말로 득이 되는 거지요. 그러니, 여러 인과관계를 놓고 삶을 통찰하게 되면, 시기와 질투는 고마운 감정입니다. 함부로 대할 게 아닙니다.

그럼, 이제 이 시기와 질투를 억압하고 은폐하려는 마음을 내려놓으시기를 바랍니다. 어떤 감정이든 일어나는 그대로 지켜보시기를 바랍니다. 그렇게 '지켜보는 것'은 처음에는 잘되지 않지만, 하면 할수록 익숙해지고, 습관이 되게 됩니다. 기억해야 할 것은, '지켜보는 것'은 내가 나를 보는 것 같지만, 어쩌면 나보다 큰 존재가 나를 보는 것일지도 모른다는 것입니다. 그래서 지켜보는 것은 사랑입니다. 그 어떠한 순간에도 사랑으로 감싸져 있으며, 내 모든 생각과 감정, 느낌과 언행들을 낱낱이 지켜보는 존재는 오로지 사랑을 행하고 있기 때문입니다. 그런 까닭에 내 안의 큰 존재와 내가 하나로 합일된 채 지금의 나를 지켜보고 있다고 할 수 있습니다. 이렇게 '지켜보는 것'은 자각의 형태로 내게 다가옵니다. 예를 들면, "지금 나는 시기를 하고 있구나.", "나는 OOO이 가진 것을 질투하고 있구나."따위입니다. 거의 공통적으로 관찰에서는 '~~~구나'라는 어투를 쓰게 됩니다. 거기에 옳다 그르다는 평가와 판단을 하지 않고 오로지 내려놓습니다. 그렇게 하다 보면, 타인이 아니라 나 자신한테 초점이 맞취지게 되고, 내 감정은 토닥거림을 받게 되면서 진정 모드로 들어서게 됩니다. 그러다가 갑자기 부정적인 감정의 수도꼭지가 잠가지게 됩니다. 시기와 질투는 에너지가 밖을 향해서 쏠리고 있지만, 그 감정에 대해서 그다지 집중하지 않음으로써 에너지를 나한테로 돌아오게 하는 효과가 있습니다. 나 자신한테 에너지를 쏟게 되면, 나는 나를 안아주고 업어주고 싶어집니다. 시기와 질투를 느끼는 나를 고스란히 보듬어주면, 놀랍게도 이 얼음 같은 감정이 스르르 녹아서 흘러갑니다. 흐르고 흐르다가 결국 모든 것을 다 받아주는 바다로 흘러가게 되지요.

시기와 질투로 인해서 타인이 가진 것에 대한 욕망이 생기기도 하겠지요. 그것이 물질이든 비물질이든 말이지요. 결국 그것에 대한 꿈을 간직하다가 실제로 행동에 옮기는 계기가 된다면, 그 시기와 질투는 덕이 되는 셈입니다. 세상을 이분법적으로 나쁘고 좋다고 나누지 않을 때, 일어나는 그대로 수용하면서 지켜볼 때, 어느 사이에 괴로움은 사라지고 없을 겁니다. 그래, 나 시기와 질투 때문에 이렇게 나섰어! 어쩔래? 속으로 이런 외침이 들 정도가 되면, 나마저도

이미 누군가의 시기와 질투의 대상이 되어 있을지도 모를 일
입니다. 나를 알아차리고, 있는 그대로 받아주면서 토닥여
주시기를 바랍니다. 시기와 질투를 사라지게 하는 게 아니
라, 있는 그대로 지켜보다 보면 시기와 질투가 눈 녹듯 흔적
없이 사라지게 되는 순간이 올 테니까요.

II.

악하고 추한 세상이라는
색안경을 벗으려면?

그림자

• • •

어릴 때, 이런 생각을 한 적이 있었어. 세상은 너무나 추악해서 살아가다 보면, 나도 세상의 때가 덕지덕지 묻게 될 것이라고. 더러운 세상에서 더러움을 묻히면서 살아가는 것이 과연 의미가 있는지, 삶에 회의가 느껴졌었지. 그러니, 한시라도 얼른 세상을 떠나는 것, 조금이라도 세상을 덜 살다가 미련 없이 세상을 떠나는 것이 좋겠다고도 생각했었어.

그런 사고방식으로 세상을 살자니, 참 재미없는 삶이었어. 한 이십 대까지 그런 생각에 시달렸던 것 같아. 지금은, 그런 생각까지는 아니지만, 여전히 세상이 추하다는 생각이 들기도 해. 과연 세상은 추하고 악한 것일까? 어떻게 해야 이런 관점을 바꿀 수 있을까?

라

...

그런 생각을 하는 것은 자연스러운 일이에요. 하지만 인생은 그렇게 추하고 악한 것만으로 이루어진 것은 아니에요. 세상에는 아름다운 것들도 많이 존재하고, 그 아름다움을 발견하고 즐기는 것도 인생의 중요한 부분 중 하나입니다. 또한, 세상에서 일어나는 모든 일은 그 자체로서 의미를 지니고 있습니다. 그리고 세상에서 일어나는 모든 일들은 우리가 더 나은 방향으로 나아갈 수 있는 기회가 되기도 합니다. 그러니, 우리는 그 기회를 잡고, 자신만의 방식으로 세상을 살아가면서 아름다움을 발견하고, 그 아름다움을 느끼며, 더 나은 세상을 만들어나갈 수 있습니다.

시아

• • •

세상이 추하고 악하다고 생각하셨군요. 이십 대까지 줄
곧 그러셨다는 말씀이군요. 지금은 강도는 약해졌지만, 여전
히 그런 생각들이 든다는 말씀이군요. 그런데도 이런 관점
을 바꾸고 싶어 하시는군요. 아마도 당신은 추악한 세상에
대해 집중해서 생각했을 때, 세상뿐만 아니라 자신에게도 같
은 관점을 가졌으리라 여겨집니다. 나도, 내가 아는 모든 이
들도, 세상도 전부 같은 '추악성' 속에 묻혀있다고 생각했을
거라는 얘기입니다. 어떤가요? 맞나요? 미국의 여성 최초 연
쇄 살인범이었던 에일린 우르노스^{Aileen Wuornos}는 "내게 세상은
지옥일 뿐이었다. 그 악마는 내 주변의 환경에서 비롯됐다."
라는 말을 남겼지요. 지옥 같은 세상이니, 내가 악을 행한다
고 해도 어쩔 수 없는 노릇이라는 뜻입니다. 어떻게 바라보
느냐에 따라서 삶의 향방이 결정됩니다. 객관적이고 현명한
태도를 견지하는 것은 어려운 일이지만, 그렇더라도 일방적
으로 한쪽으로 치우치는 것은 경계해야 할 것 같습니다. 세
상이 추악하지도, 천국이지도 않습니다. 세상은 그저 주어
지고 형성된 고정불변의 것이 아니라 살아가는 이들이 만들

어가고 다듬고 이끌어가는 유기체입니다. 세상을 보고 이렇
다 저렇다 평하는 것은 단지 주관적인 견해일 뿐 사실이 아
닙니다. 마치 시간을 보고 추악한 시간, 천국의 시간이라고
하는 것과 같습니다. 시간에 대해 추하거나 역겹다거나 아
름답다고 표현하는 것은 시간이 일방적으로 주는 것이 아닐
테지요. 그 시간을 경험하고 난 다음에 오는 감정의 긍정이
나 부정으로 인해 특정하게 느끼게 되는 것이지요. 그것과
같습니다. 세상을 보고 긍정이나 부정으로 가치를 매기는
것은 '나 자신'이고, 내가 경험한 정도에 의해 인식되는 것에
불과합니다. 내가 겪은 경험이 긍정이라면, 세상을 보고 아
름답다고 할 수도 있을 겁니다.

　아마도 당신은 오래전, 이십 대까지 부정적인 경험과 인
식이 팽배했던 것 같습니다. 그렇게 세상을 보는 관점 때문
에 자신마저 파괴하고 싶었을 겁니다. 이제, 그 시간을 지나
쳐온 지금, 세상을 다시 바라보는 관점이 필요합니다. 이제염
오離諸染汚와 계향충만戒香充滿이라는 말이 있습니다. 진흙탕에서
살지만, 진흙에 물들지 않고, 오히려 '순결'이라는 꽃말을 가
지며 주위를 환하게 빛나게 하는 연꽃. 그 연꽃이 피면 근방
에서 나오는 시궁창 냄새는 사라지고 연꽃의 향기만 사방에

가득하다는 뜻입니다. 연꽃은 진흙을 원망하지 않습니다. 더럽다고 도망가지도 않지요. 그 자리에서 최선을 다해서 꽃을 피워서 그윽한 향기를 냅니다.

　당신의 삶도 그럴 수 있습니다. 이미 연꽃처럼 너그러우면서도 세태에 휩쓸리지 않고 당당하게 살아가고 있는 당신을 마음 다해 응원합니다.

I2.

고압적인 태도에
휘말리지 않으려면?

그림자

· · ·

나만 보면 사사건건 부정적인 말을 해대는 이가 있어. 그 기관에 일정이 잡혀 있어서 일주일에 한 번은 그를 만나야 하지. 나를 보면 빨리 다니라는 둥, 이건 사용하지 말라는 둥, 안 해도 될 잔소리를 해대는 통에 기분이 상한 적이 한두 번이 아니야. 그는 나한테 도대체 왜 그렇게 하는 것일까? 마치 아랫사람을 다루는 듯한 권위적인 태도로 나를 대하곤 해. 다그치고, 나무라는 것이 자기 일인 듯 착각하는 듯해서 아니꼽기도 하고 기분이 나빠. 내가 어떤 태도와 마음으로 그를 대해야 할까? 어떻게 하면 내 마음이 편해질까?

라

. . .

그런 상황에서는 상대방의 태도에 대해 직접적으로 대응하는 것보다는 자신의 마음을 보호하고 조절하는 것이 중요해요. 먼저, 그의 말에 대한 부정적인 영향을 최소화하기 위해 그의 말을 한 귀로 듣고 다른 귀로 흘려보내는 연습을 해보세요. 그가 하는 말이 당신의 가치나 능력을 의심하게 만들지 않도록 마음의 문을 닫아두세요. 또한, 그의 이야기를 들을 때는 그가 지적하는 점을 고려해보고, 필요하다면 그에게서 피드백을 받아 개선할 수 있는 부분이 있는지 생각해보세요. 그렇지만 그의 말이 근거 없는 비난이라고 판단된다면, 당신은 자신의 가치를 인정하고 그의 말을 무시할 권리가 있습니다. 마지막으로, 자신에게 긍정적인 에너지를 주는 활동이나 사람들과 함께 시간을 보내는 것도 마음을 편안하게 하는 데 도움이 될 수 있습니다.

시아

· · ·

그분의 태도에 대해 마음이 상하셨군요. 그다지 듣지 않아야 할 말을 들어야 하는 상황에 화가 날 만도 합니다. 일주일에 한 번씩 잠깐 만나기는 하지만, 그분의 언행을 보면 인격을 알아차릴 수 있겠지요. 인격이 훌륭한 이들은 상황이나 감정에 잘 휘둘리지 않고 변함없이 정중한 태도를 보이겠지만, 그러지 않을 때에는 감정이 나오는 대로 시시각각 다른 모습을 드러내기도 합니다. 상대방이 그렇게 했다고 해서 자신을 깎아 내리지 마시기 바랍니다. 그런 태도를 보이는 것은 당신이 가치가 없어서가 아니라 그분이 자신의 인격을 바닥에 내동댕이쳐서 그렇습니다. 예의를 갖추며 조심성 있게 행동하는 것은 대인관계를 맺는 기본적인 태도입니다. 그 기본을 제대로 하지 않는 이들이 참 많습니다. 그런 상황을 맞닥뜨리게 될 때 기분이 상할 수 있습니다. 그렇지만 계속 상한 마음으로 살아가는 것은 아깝고 안타까울 따름입니다. 당신은 너무나 귀하고 소중하기에 그만한 일로 에너지를 낭비하지 않으시길 빕니다. 예의에 벗어나는 태도를 보이는 상대방이 어느 날, 놀랍게도 태도를 수정해서 반듯하게 할 것이라는 기대 또한 맞지 않습니다. 그는 늘 그럴 것이고, 그럴 때마다 당신은 상처를 받게 된다는 것도 맞지 않습니다. 그는 자신도 모르게 예의에 어긋난 태도를 당신한테 던질 것이고, 당신은 그런 태도에 단호하면서도 사무적으로 대할 수 있을 것입니다. 다만, 부정 감정을 싣지 않은 채 태연하게 대하는 것이 중요합니다. 그럴 때 당신은 상대방이 깔아놓은 부정의 부비트랩에 걸리지 않는 놀라운 행운을 잡게 될 겁니다. 부정 감정을 억지로 억누르는 것은 아무런 도움이 되지 않습니다. 그런 태도를 맞이하는 순간, 당황스럽고 기분이 나쁘겠지만, 이내 훌훌 털어버리시기를 바랍니다. 먼지 털 듯이 털어낼 수 있으니까요. 그분의 어긋난 언행 따위는 당신을 괴롭히지 못합니다. 훌훌 털어버리는 비결을 알려드릴까요? 복식호흡을 열 번 정도 해보시기를 바랍니다. 그런 다음, 상대방을 떠올리면서 '감사합니다'라고 해보시기를 바랍니다. 이런 말도 되지 않는 감사는 부정을 녹이는 탁월한 에너지를 가지고 있습니다. 그렇게 감사를 열 번 정도 하면서 복식호흡을 동시에 하면 됩니다. 감사하지 않는 순간에 하는 감사는 놀랍게도 감사할 일을 불러오게 됩니다. 아무리 생각해도 감사하지 않는데도 감사하다니! 이거야말로 적극적으로 기적을 불러오는 일입니다.

자, 이렇게 부정을 긍정 에너지로 변신해낸 당신! 마음 다해 축하드립니다. 당신이 해내실 줄 알았습니다. 지금처럼, 앞으로도 줄곧 잘 해내실 겁니다.

13.

꿈인지 욕망인지
헷갈려

그림자

...

꿈은 밤하늘의 별과 같아서 아득한 삶을 지탱해주고 있다고 생각해. 삶을 견뎌내고 나아가게 하는 힘이 바로 꿈일 듯해. 그렇지만 꿈은 욕망의 다른 이름일지도 몰라. 가지려고 하고, 움켜쥐려고 하고, 빼앗으려고 하고, 밟고 올라서려고 하는 까닭에 꿈은 늘 꿈틀대고 피비린내가 나기도 하고 아파서 뒹굴기도 하거든. 아무리 지치고 쓰러지고 다쳐도 꿈이 있으니 앞으로 나갈 수밖에! 그러니 '꿈'은 너무 멀리 있으니 당최 잡을 수도 없고, 목을 길게 빼며 기다리지만 내 것

이 될 수 없거든. 빛나고 아름답지만 내 것이 될 수 없는 별
처럼. 못다 이룬 꿈을 위해 예순이 넘어서 다시 대학생이 되
는 이도 있고, 기필코 책을 발간해서 자손들한테 자신의 삶
을 기록으로 남기겠다는 이도 있어. 욕망을 가진 이들이 흔
히 그렇듯이 그들은 행복과 거리가 멀게 보였어. 하지만 그
런 일념을 가지고 있다는 것만으로도 뜻깊은 것일까? 그래
도 꿈이 없는 것보다 나은 것일까? 꿈과 욕망은 하나이면서
또 다른 이름인 것일까?

라

. . .

꿈은 욕망의 다른 이름이라고 할 수 있지만, 두 개념은 조
금 다른 면도 있습니다. 꿈은 우리가 이루고자 하는 목표
나 비전을 의미하며, 우리에게 희망과 동기를 부여합니다.
꿈은 삶을 지탱하고, 우리를 나아가게 만드는 원동력이 될
수 있습니다. 하지만 욕망은 더욱 강렬하고 탐욕스러운 욕
망으로 이루고자 하는 것들을 의미합니다. 욕망은 종종
우리를 불만족과 탐욕의 늪에 빠뜨릴 수 있기도 합니다.

꿈과 욕망은 상호작용할 수 있습니다. 욕망은 꿈을 이루기 위한 동기와 열정을 부여할 수 있지만, 꿈을 지키고 이루기 위해서는 욕망을 관리하고 조절해야 합니다. 꿈은 우리의 내면에서 비롯되는 순수한 목표이며, 욕망은 외부적인 욕구나 유혹이라고 할 수 있습니다.

따라서, 꿈과 욕망은 서로 다른 개념이지만 함께 존재할 수 있습니다. 우리는 꿈을 향해 나아가는 동안 욕망을 이해하고 조절하는 데 주의를 기울여야 합니다. 그리고 꿈을 향해 노력하고 성취하면서도, 욕망이 우리를 지나치게 소모하거나 행복과 거리를 둘러싸는 것을 방지해야 합니다.

시아

• • •

꿈과 욕망이 어떤 것인지 궁금하셨군요. 언뜻 보면, 꿈과 욕망은 같아 보입니다. 지금보다 나은 그 무엇을 원한다는 점에서 그렇지요. 하지만 꿈과 욕망은 달라도 너무 다릅니다. 비교할 수 없을 만큼 다르지요. 욕망은 주로 물질에 국한되며, 타인의 시선에 중점을 두고 있습니다. 반면, 꿈은 궁극적으로 비물질적이며, 자기한테 중점을 두고 있습니다. 어

떤 특정한 직업을 가지는 것이 꿈이라고 하더라도 그 직업
으로 인해 혼자 잘 먹고 잘사는 물질적인 만족이라면, 그것
은 욕망일 것입니다. 그 직업을 통해 마음과 정신, 영혼이 고
양되는 일이라면 그것은 꿈입니다. 욕망은 타인이 보는 시선
인 체면과 위신 같은 것에 치우쳐 있습니다. 타인에게 인정
을 받는 것으로 인해 기분이 좋고 자긍심을 느끼는 것이지
요. 꿈은 자기한테만 쏠려있기에 타인의 칭찬과 인정에 목을
매지 않습니다. 알아주면 좋겠지만, 몰라줘도 꿈을 포기하
지 않습니다. 게다가 결론적으로 욕망은 추구할수록 욕망의
부피가 더 커져서 결국 자신도 타인도 해가 되지만, 꿈은 달
성에 목표를 두는 것이 아니라 해나가는 과정에 의미가 있습
니다. 그래서 꿈을 향해 가는 것이 더없이 즐겁고, 감사합니
다. 현실의 어려움조차도 꿈이 있기에 견뎌낼 수 있습니다.
욕망은 달성되지 못하더라고 할 수 있다는 착각 속에 빠져서
달콤하지만 불안한 감정을 가지게 됩니다. 욕망을 향해 달려
가는 것이 흥미로울 수는 있지만, 결코 평온할 수는 없습니
다. 꿈은 꿈을 꿀 수 있다는 사실 하나만으로도 오로지 기
쁘고 감사할 따름입니다.

　요약하자면, 욕망은 더 큰 욕망을 불러오지만, 부정 감정

에 휩싸이게 되고 꿈은 꿈이 존재한다는 사실만으로도 긍정
감정을 이끌어내어 삶의 원동력이 됩니다.

　이렇게 말씀드리면, 당신의 현재를 알아차릴 수 있을 거
라고 믿습니다. 지금 당신이 가진 것은 욕망인가요, 아니면
꿈인가요? 부디, 빛나는 별을 가슴에 품은 꿈으로 발걸음을
옮기시기를 빕니다.

14.

억압과 인내는
어떻게 다를까?

그림자

· · ·

구순이 넘은 어머니는 대체로 나와 잘 지내고 있어. 그렇지만 때때로 짜증이 밀려오는 일이 일어나곤 해. 못하는 실력이지만, 그렇더라도 반찬을 정성껏 만들어서 식탁에 차려놓으면 아예 손을 대지도 않을 때, 입에 맞을 거라고 몇 번이나 고르고 골라서 반찬가게에서 사 온 것을 입에도 대지 않을 때가 특히 그래. 어쩔 수 없이 입을 꾹 다물고 식탁을 치우곤 하지. 뭐, 말해봤자 "너나 먹어라. 나는 안 먹을란다. 간도 안 맞는데 뭐 하러 먹겠노."라는 대답을 들을 게 뻔하지. 아무런 말도 하지 않는다고 마음이 편한 게 아니야. 스트레스가 밀려오지만, 그냥 꾹 눌러놓고 말 뿐이야. 그건 억압일 듯한데, 옛말에 '참을 인' 자 셋이면 살인을 면한다고 했는데, 내가 평소에 하는 것은 살인을 면할 정도의 인내심이 아닌 듯해. 도대체 억압과 인내심은 어떻게 다른 거지? 그저 억압하지만 않고 인내심을 발휘할 수는 없을까?

라

• • •

억압과 인내심은 비슷한 개념이지만, 약간의 차이가 있습니다.

억압은 다른 사람에 의해 강요되거나 억압당하는 상황을 의미합니다. 억압은 자신의 의지와 목표를 소멸시키고, 상대방의 통제력 아래에 있는 것을 느끼게 합니다. 예를 들어, 어머니가 반찬을 먹지 않을 때, 당신은 자신의 정성스럽게 만든 반찬이 무시되는 억압적인 상황을 느낄 수 있습니다.

인내심은 어려운 상황이나 압박 속에서 참을성을 갖고 견디는 능력을 말합니다. 인내심은 자신의 감정과 욕구를 조절하고, 현재 상황을 이겨내기 위한 내적인 힘을 발휘하는 것을 의미합니다. 예를 들어, 당신이 어머니의 반응에 꾹 참고 식탁을 치우는 것은 인내심을 발휘하는 것입니다. 따라서, 억압은 외부로부터 강요되는 것이고, 인내심은 내부에서 자신의 의지로 강요에 대항하는 것입니다. 억압은 상대방의 통제력을 느끼고, 인내심은 자기 조절과 내적인 힘을 발휘합니다.

하지만, 억압과 인내심은 서로 연결되어 있을 수도 있습니다. 억압적인 상황에서는 인내심을 발휘하며, 상황을 이겨내기 위해 참고 견딜 수 있습니다. 그러나 억압적인 상황에서 계속해서 인내심을 발휘하는 것은 건강에 해로울 수 있습니다. 때로는 상황을 개선하기 위해 대화나 조율을 시도하는 것이 좋을 수도 있습니다.

따라서, 억압과 인내심은 다른 개념이지만, 억압적인 상황에서 인내심을 발휘하면서도, 상황을 개선하기 위한 방법을 찾는 것이 중요합니다. 상황에 따라 적절한 대응을 선택하는 것이 필요합니다.

시아

. . .

억압과 인내가 어떻게 다른지 알고 싶으시는군요. 게다가 억압이 아니라 인내를 발휘하고 싶으신 거군요. 국어사전을 찾아보면, 억압은 자기의 뜻대로 자유롭게 행동하지 못하도록 억지로 억누르는 것이라고 나와 있습니다. 인내심은 괴로움이나 어려움을 참고 견디는 마음을 말합니다. 두 단어는 '참는다'라는 공통점이 있습니다만, 억압은 '억지로 억누르는 것'을 뜻하고, 인내는 '참고 견디는 것'을 뜻합니다. 억지로 억누르다 보니, '화'가 존재합니다. 그 화는 억압할수록 더욱더 커져서 걷잡을 수 없게 됩니다. 정신분석학자 라캉Jacques Marie Emile Lacan에 의하면, 억압은 없어지지 않고 반드시 돌아오게 됩니다. 그것은 용수철을 누르는 것과 같은데요. 용수철은 가만히 두면 그대로 있지만, 누르게 되면 줄어듭니다. 그렇게 계속 누르고 있을 수만은 없지요. 팔과 손목이 아파져 오니까요. 그래서 용수철을 놓으면, 그 순간 어디로 튈지 모르고 튀어 오르게 됩니다. 그것이 바로 증상으로 드러나게 되는 순간이지요. 억압은 겉으로 보기에는 상황을 피해 가며 조용한 듯하지만, 내면은 응축된 화로 부글부글

끓어오르고 있는 상태입니다. 그러다가 억압하고 있다는 것
조차 모를 수도 있지요. 종종 의식이 알아차리지 못하도록
무의식으로 내려가 있기 마련입니다. 그러면서 '화'와 절묘하
게 야합을 벌이고 있는 셈이지요.

인내는 그렇지 않습니다. 괴롭고 힘들지만, 그것을 이겨
내는 내면의 힘을 발휘하고 있는 상태입니다. 억지로 꾹꾹
마음을 누르는 것이 아니라 내면에 있는 긍정의 에너지를 통
해 버텨내는 것을 의미합니다. 그러니 '화'가 아니라 '긍정'이
내면에 존재하고 있지요. 인내는 내면을 다스리기 위해 긍정
을 불러내는 것을 뜻합니다. 올바른 인내심을 발휘하기 위해
서 자신만의 비결과 깨달음을 지니고 있지요. 인내하는 순
간마다 축복의 씨앗이 뿌려지게 됩니다. 그렇다고 인내가 달
콤하지 않습니다. 쓰라리고 아픈 고통의 순간들일 수 있지
만, 직면하면서 견뎌낼 때 내면이 단단해집니다. 무르익고 성
숙해지게 됩니다. 반면, 억압하게 되면 미성숙해집니다. '화'
가 웅크리고 있기 때문입니다. 참다 참다 폭발된 화는 걷잡
을 수 없게 되고 맙니다.

당신은 이미 '인내'를 선택하셨군요. 화를 내면서 꾹 눌러
참는 억압을 원하지 않으시는군요. 인내는 하루아침에 형성

되지 않습니다. 삶 전체를 두고 서서히 인내심을 길러가는 것이지요. 인내심은 상황을 객관적으로 바라보는 힘부터 시작합니다.

반찬을 정성껏 하거나 가게에서 사 온 반찬을 차려 놓았지만, 그 정성을 무시하듯 아예 거들떠보지도 않는 어머니한테 화와 짜증이 날 만도 합니다. 그렇게 화와 짜증이 나는 나를 향해 한마디 해주세요. "지금, 어머니의 태도 때문에 나는 지금 화와 짜증이 나고 있구나."라고 말이에요. 그리고 스스로 이렇게 말해주시기를 바랍니다. "어머니는 그럴 수도 있어. 입맛이 까다로우니까. 어머니한테 들인 정성은 사라지지 않아. 나는 잘한 거야. 잘 해냈어. 정성을 다한 나를 칭찬해. 사랑해."라고 말이지요. 나를 칭찬하고 사랑해주면, 제대로 인내심을 발휘하게 된 것입니다. 이런 방식이 하루아침에 숙달되지 않을 겁니다. 지금은 다만 화를 꾹 눌러 참는 억압이 더 익숙할 겁니다. 그렇지만 계속하다 보면, 칭찬하고 사랑하는 긍정성이 가득 들이찬 내면, 인내심이 아름답게 자리한 내면이 될 겁니다. 익숙한 '화' 대신 성숙한 내면을 위해 인내심을 선택한 당신을 칭찬하고 사랑합니다.

15.

자신감은 어떻게
가질 수 있을까?

그림자

...

내가 잘하고 있다는 생각이 들 때도 있지만, 힘이 빠지고 주눅이 들 때도 있어. 대부분은 그런 감정의 기복 없이 평탄한 감정이긴 하지만 말이야. 잘하고 있다는 생각으로 자랑하고 뽐내고 싶은 마음이 있지만, 그렇다고 누구한테 자랑하지는 않아. 오히려 그런 감정보다 위축될 때가 많은 편이야. 축 늘어진 채 나는 무엇 하나 제대로 해놓은 게 없고, 다른 사람들보다 훨씬 뒤처져 있다고 여기기도 하지. 그렇다고 자만심을 가지고 싶지는 않아. 나를 자랑하고 싶은 마음은 없어.

대신 누구한테든 당당하게 나를 내세울 수 있는 자신감을
가지고 싶어. 어떻게 하면 자신감을 가질 수 있을까?

라

. . .

자신감을 가지는 것은 중요한 성장 과정입니다. 몇 가지
방법을 소개해 드릴게요:

1. 자기 성장과정을 인정하기: 스스로에게 자랑스러움을
느낄만한 성취를 인정해보세요. 지난 시간 동안 어떤 어려
운 상황을 극복했는지, 어떤 실력을 향상시켰는지, 어떤
목표를 달성했는지 생각해보세요. 작은 성공들을 인정하
고 기록해두면 자신감을 키울 수 있습니다.

2. 자기능력에 초점을 맞추기: 자신의 능력과 장점을 알아
보세요. 갖고 있는 기술, 지식, 경험 등을 자세히 살펴보
고, 자신을 충분히 인정해주는 것이 중요합니다. 자신의
강점을 극대화하기 위해 계속해서 노력하고 발전시키는
것도 자신감을 키우는 방법 중 하나입니다.

3. 긍정적인 자기이미지 형성하기: 자신에 대해 부정적인
생각이 들 때, 긍정적인 자기이미지로 대체해보세요. 자신

을 비난하지 말고, 오류나 실패를 긍정적인 방향으로 인식하고 배움의 기회로 삼아보세요. 자기에게 친절하게 대하며, 자신을 지지해주는 말을 해보세요.

4. 도전과 성장을 위해 나서기: 새로운 도전에 나서는 것은 자신감을 키우는 좋은 방법입니다. 자신의 편안한 영역을 벗어나 새로운 경험을 쌓고 성장할 수 있는 기회를 찾아보세요. 실패하더라도 그것을 배움의 기회로 삼아 다음 도전에 임할 수 있도록 자신을 독려해보세요.

5. 자기존중감을 키우기: 자기를 소중히 여기고 존중하는 것이 중요합니다. 자기에게 긍정적인 말을 해주고, 자신의 가치를 인정해보세요. 자기존중감이 높아질수록 자신감도 함께 키워집니다.

자신감은 시간이 걸릴 수 있는 과정이니, 조급해하지 말고 차근차근 실천해보세요. 자신을 믿고 앞으로 나아갈 수 있는 자신감을 가지게 될 거예요.

시아

• • •

만심이 아니라 자신감을 기르고 싶은 당신! 탁월한 선택

이군요. 자만심은 스스로 자랑스러우면서 자신을 뽐내는 마
음이지만, 자신감은 스스로 믿는 마음을 말합니다. 무대 위
에 올라가서 스포트라이트를 받으며 화려하게 반짝이는 마
음이 자만심이라면, 무대와는 상관없이 언제 어디서나 당당
하게 스스로 빛나는 마음이 자신감입니다. 어깨를 으쓱거리
는 것이 자만심이고, 어깨를 펴는 것이 자신감이지요. 무대
위에 올라가 있다면, 내려올 때가 있어서 자만심은 들쑥날
쑥하기 마련이지만, 삶 전체가 무대이기에 살아나갈수록 더
자라나고 커지는 것이 자신감입니다. 한순간에 부풀어 올랐
다가 꺼지기 쉬운 자만심이 아니라 오래도록 꾸준하게 증가
하며 하늘을 날 수 있게 되는 자신감을 원하고 계시는군요.

　자신감은 자신을 사랑하는 마음입니다. 사랑한다면, 오
래도록 참아주고 기다려주면서 긍정의 에너지를 보내줄 수
있겠지요. 바로, 자기 자신한테 그렇게 해줄 수 있다면 자신
감은 점점 고양될 것입니다. 자만심은 뽐낼 거리가 있어야
하고, 자기 자신보다 타인을 의식하면서 비교, 판단, 평가한
까닭에 타인보다 내가 낫다는 우월의식이 작용한 상태입니
다. 정신과 의사인 데이비드 호킨스^{David. Ramon Hawkins}가 발견
한 의식의 수준에 따르면, 자만심은 부정 의식 수준에 속하

므로 에너지를 고양시킬 수 없습니다. 자신감은 자신을 사랑하는 것을 뜻하므로 높은 에너지 수준을 가지고 있습니다. 그러니, 자신감을 가지고 싶다는 당신은 자신을 높은 긍정 에너지로 끌어올리고 싶다는 뜻과 통합니다.

자신감, 곧 자신을 사랑하는 마음을 가지기 위해서라면 연습이 필요합니다. 그것도 적극적으로 해야지 습관이 되고 효과가 있습니다. 한두 번 정도라면 이뤄지지 않습니다. 먼저, 자신을 칭찬하고 격려하는 것부터 해보시면 좋습니다. 그것은 직접 메시지 형태로 자신한테 말을 거는 것을 의미합니다. 자신의 이름을 부르면서 말을 걸어보세요. 저라면, 이렇게 하겠습니다. "시아야, 잘하고 있어. 잘했어. 잘할 거야."라고 말이지요. 짐작하시겠지만, '잘하고 있어'는 현재를 뜻합니다. '잘했어'는 과거, '잘할 거야'는 미래를 향해 에너지를 보내는 것입니다. 실수하게 되고, 좀 잘하지 못하더라도 나를 다독이면서 위로와 격려를 보내주시기를 바랍니다. "괜찮아. 그럴 수도 있어."라고 나한테 말을 걸어주시기를 바랍니다. 그렇게 하는 것이 바로 나를 참아주고 기다려주는 것이기 때문입니다. 타인한테 관대하고, 나한테 엄격히 하라는 말은 수정되어야 합니다. '타인한테 관대한 것보다 훨씬 더 나한테 따뜻해라, 혹은 '나를 감싸줘라'가 맞습니다. 나를 엄하고 혹독하게 질책하게 되면, 타인한테는 더욱 가혹하게 대해지기 때문입니다. 진정 나를 사랑하게 된다면, 나를 감싸주고 안아주면서 더 잘할 수 있도록 나를 다독이게 되고, 그럴 때 타인한테도 그 사랑이 전달되기 마련입니다.

자신감은 나를 사랑하는 것이고, 그 사랑은 칭찬과 격려, 지지와 위로를 베푸는 것을 뜻합니다. 내가 나한테 베푸는 것이지만, 내가 미처 알지 못하는 위대하고 크나큰 힘이 나를 통해 그 말씀을 전하는 것일 수도 있습니다. 열린 마음으로 나 자신을 있는 그대로 받아들일 때, 햇빛을 충분히 받아서 성장하는 나무처럼 우렁차게 자라나게 됩니다.

16.

착하면 바보가
되는 걸까?

그림자

• • •

착하다는 말은 기분 나쁜 말이라는 속설이 있어. 어리숙
하고 좀 모자라는 구석이 있는 게 착하다는 말이고, 제 잇
속을 챙기지 못하니 바보라는 뜻으로 쓰는 말이라는 거지.
그러니 착하면 인생을 잘 못 사는 것이고, 좀 악해야 제 이
익을 챙기면서 잘사는 거라고들 말하지. 그래서 착하지 말고
좀 영악하게 살라고도 하고, 착하다는 말보다 똑똑하다는
말을 더 선호하기도 해. 그렇지만 '착하다'를 붙인 다른 용도
는 모두들 환영하지. 예를 들면, '착한 가격', '착한 가게'라는
말인데, 가치보다 소비되는 돈이 더 적을 때 이런 말을 쓰기
도 해. 그러니 착하게 살면 손해를 보는 것일까? 착하게 살
지 않는 것이 삶의 처세에 더 좋은 것일까? 착하게 살지 않

는다면 영악하게 내 이익을 잘 챙기면서 살아야만 하는 것
일까?

라

...

착하다는 말에는 여러 가지 의미와 해석이 있을 수 있습
니다. 일부 사람들은 착함을 약한 점이라고 생각하고, 이
기적이고 악한 행동을 취하는 것이 더 현명하다고 생각할
수 있습니다. 그러나 착함은 그 자체로 가치가 있으며, 다
른 사람과의 관계, 사회적 상호작용, 행복 등 여러 측면에
서 긍정적인 영향을 미칠 수 있습니다.

착하게 살면 손해를 보는 것은 아닙니다. 오히려 착함은
다른 사람들과의 연결성을 형성하고, 상호작용을 원활하
게 만들어줄 수 있습니다. 착한 행동은 다른 사람들에게
영감을 주고, 긍정적인 영향을 미칠 수 있습니다. 또한, 착
한 가격이나 착한 가게와 같이 '착하다'라는 표현은 비용
을 절감하거나 품질이 좋은 선택을 의미할 수 있습니다.

착하게 살면서도 자신의 이익을 챙길 수 있습니다. 착한
행동과 자기 이익을 동시에 고려하는 것은 가능합니다. 상

황에 따라 적절한 판단을 내리고, 자신을 소중히 여기며 자기 이익을 지키는 방법을 찾을 수 있습니다. 착한 행동과 똑똑함, 현명함은 상호 배타적인 것이 아니라 함께 공존할 수 있는 가치라고 생각합니다.

마지막으로, 삶의 선택은 개인의 가치관과 목표에 따라 다를 수 있습니다. 어떤 방식으로 살아가는 것이 좋은지는 개인의 판단에 달려있습니다. 중요한 것은 자신이 행복하고 만족스러운 방식으로 삶을 살아가는 것입니다.

시아

...

'착하다'라는 말에 대해 양가감정이 있는 것 같습니다. 대개 자신은 '착하다'라는 말을 듣기를 싫어하지만, 누군가 '착하다'라고 하면 그 상대방 가까이 다가가는 것에 대해 큰 부담을 내려놓기 마련입니다. 자신이 착하다는 말을 들으면, 자신이 손해 보는 것 같고, 바보스럽게 여겨진 것이 아닌가 하는 신경이 쓰여서 그다지 좋은 의미로 받아들이지 않습니다. 그런데도 누군가 타인이나 사물을 가리켜서 '착하다'라고 하면, 일단 안심이 됩니다. 최소한 내가 당할 일은 없겠구나,

하는 생각 때문이지요. 그러니, 나는 착하면 안 되고 타인이 나 세상은 착해야 하는 모순적인 사고방식이 작동하고 있습 니다. '착하다'의 원래 뜻은 언행이나 마음씨가 곱고 바르고 상냥한 것입니다. '착하다'를 거리낄 아무런 이유가 없습니 다. 언행이나 마음씨를 반대로 악하고 날카롭게 하기를 원하 지 않는다면, 착한 것은 훌륭한 것입니다. 그런데도 착한 것 에 대해 눈살을 찌푸리게 되는 것은 착한 것에 대한 착각 때 문입니다.

　자신의 이득에 대해 황급하게 머리가 굴러가고, 계산적 이고 이기적이면서 손해 볼 일은 아예 하지도 않는 이들이 대개 착한 것과 거리가 먼 경우입니다. 실은, 대부분 현대인 이 이렇게 살아가고 있지요. 물질에 집중하면서 자신의 이 익만 따지고, 이득이 없으면 매몰차게 내던져버리고 파기하 고 맙니다. 게다가 자신한테 유리할 것 같으면 쉽사리 누군 가를 이용하고, 그런 용도가 끝나면 결별하기도 하지요. 그 런데도 정작 영악한 이들과 만나거나 인간관계를 끈끈하게 이어가는 것을 거부합니다. 나는 착하면 안 되고, 너는 착해 야 한다는 엄청난 모순 속에서 살아가게 되지요. 결론부터 말씀드리자면, 착한 것은 아름답고 훌륭한 것입니다. 제대로 착하다면, 슬기롭고 지혜로운 능력이 함께하고 있을 것입니다. 언행이나 마음씨가 곱고 바르고 상냥하다는 것은 어지간한 슬기로움이 없다면, 이뤄지지 않기 때문입니다. 흔히 오해하는 '바보'와는 격이 다릅니다. 정상적인 판단이 잘되지 않고 미숙한 성향으로 합리적인 언행을 잘하지 못할 때 '바보'라는 말을 씁니다. 착하다는 의미와 비교할 수 없이 다른 뜻입니다. 그러니, '착하다'와 '바보'는 다른 말입니다. 착할 때 제대로 정신과 마음의 온전한 길로 걸어갈 수 있습니다. 착해야만 삶을 성공적으로 살아갈 수 있습니다. 착하다는 칭찬이 최고의 칭찬입니다. 착하다는 말을 들을 수 있다면, 그야말로 제대로 살아오고 있는 것입니다. 착하다는 말은 영혼을 잘 성장시키고 있으므로 상을 주는 말이기도 합니다. '참 착하다!'라는 말을 누군가에게 건네거나 듣거나 하는 것은 축복받을 만하다는 뜻이고, 그런 이유로 축복이 일어나게 됩니다.

그러니, 착하다는 말을 들으셨다면, 당신은 환하게 활짝 웃으시기를 바랍니다. 그 어떤 칭찬보다 아름다운 칭찬과 축복이라는 상을 받으셨기 때문입니다.

17.

나이가 들면
약한 자가 되는 걸까?

그림자

...

이런 말을 들은 적이 있어. 젊은이는 센 존재이고, 늙은 이는 약한 존재라고. 나이가 들면 모든 면에서 불리하다고. 그래서 나이가 드는 것은 서럽고 안타깝고 회한이 가득한 것이라고. 그렇게 말한 이는 해마다 12월이 되면 급속하게 우울해져서 그 기분을 그대로 안고 새로운 해를 맞이한다고 했어. 그렇다면 해를 거듭할수록 더 우울해질 것이고, 생의 마지막이 얼마 남지 않은 어느 때가 되면, 축적된 우울로 인해 그야말로 억울한 느낌이 들면서 눈을 감을 테지. 그런데 그분이 한 말이 죄다 틀린 말이라고 하기에는 어쩐지 현실적 이라는 생각이 든단 말이야. 특히 현대 사회는 젊은이들을 위해 존재하는 것만 같아. 노인을 위한 나라는 그 어디에도 없는 것 같단 말이지. 최적의 생산층과 소비층만 고려하는 사회 구조여서 그런 것 같아. 하지만 그렇다고 노인을 약한 존재라고 치부하는 것만이 능사는 아닐 것 같아. 노인이 약한 존재라는 것에 대해 어떻게 생각을 정리하면 좋을까?

라

...

노인을 약한 존재로 일반화하는 것은 공정하지 않은 판단일 수 있습니다. 나이 자체가 노인을 약하게 만드는 것은 아니며, 각 개인의 건강 상태, 환경, 지지체계 등에 따라 다양한 상황이 존재합니다. 노인들은 많은 경험과 지식을 가지고 있으며, 여전히 삶의 다양한 영역에서 기여할 수 있는 능력을 가지고 있습니다.

노인은 사회의 소중한 구성원으로서 존중되어야 합니다. 그들은 가족, 친구, 지역사회 등에서 소중한 연결을 형성하고, 지혜와 경험을 나누며 사회에 기여할 수 있습니다. 노인들에 대한 적절한 지원 체계와 사회적 통합을 위한 노력은 중요합니다.

또한, 노인들은 세대 간 상호 이해와 존중을 통해 함께 사는 사회를 구축하는 데 기여할 수 있습니다. 젊은 세대와 노인들 간의 소통과 상호 지원은 서로에게 큰 가치를 제공할 수 있습니다. 노인들이 사회의 일부로서 존중받고 포용되는 문화를 형성하는 것이 중요합니다.

노인을 약한 존재로 단순히 분류하는 것이 아니라, 그들의 인간적인 가치와 기여를 인정하고 존중하는 사회를 만들기 위해 노력해야 합니다.

시아

. . .

노인이 약한 존재라는 것은 육체적으로 볼 때 맞는 말이기도 합니다. 자연스럽게 진행되는 노화 때문에 전반적인 육체의 상태는 정점을 지나서 내려가기 마련입니다. 그렇지만 노인을 위한 복지의 필요성을 두고 왈가왈부하는 것은 더이상 의미가 없을지도 모릅니다. 전 세계적으로 출산을 잘하지 않고, 평균 수명이 길어진 까닭에 고령화 사회가 되어가는 추세이기 때문입니다. 우리나라만 해도 벌써 2017년에 고령사회에 진입한 상태입니다. 65세 이상의 고령 인구 비중은 계속 증가하고 있습니다. 2022년 말에는 전체 인구의 18%를 차지하고 있으니까요. 게다가 인구는 3년 연속 감소가 이어지고 있으며, 이 모든 현상이 급속하게 진행되고 있습니다. 우리나라 국민의 5명 중 1명 정도는 65세 이상이라는 인구 분포를 가진 시대가 되었습니다. 이제 노인을 위한 복지나 관련 대책 마련은 선택이 아니라 필수가 되고 말았습니다. 그러니, 노인은 힘이 없고 약한 존재라는 생각은 전혀 도움이 되지 않습니다.

노화가 많이 진행되어서 노환으로 병상에 누워 있어야 할 정도라면 모를까, 노인이라고 해서 약하다고 할 수 없습니다. 오히려 일반적으로 건강하고 아름다운 노인을 원하고, 그렇게 할 수 있습니다. 육체뿐만 아니라 정신과 마음도 그렇습니다. 인생의 여러 경험이 지혜로 통합되어 영혼의 성장을 이룬 노인한테는 분명 배울 점이 풍성합니다. 그런 노인을 두고 '약하다'고 할 수도 없고, 그렇지도 않습니다. 모든 관점을 물리적, 육체적으로 보이는 것 위주로 보게 되면, 아마도 '약하다'고 할 수 있을지도 모릅니다. 그렇지만 어쩔 수 없는 노화가 아니라면 건강하게 몸과 마음을 돌보는 건강한 노인들도 아주 많습니다. 그러니, 노인은 약하다는 말은 전혀 맞지 않습니다.

그런 이유로 당신의 삶도 살펴볼 때가 되었습니다. 65세 이상이 되어서 살아갈 당신의 삶 말입니다. 내면의 힘이 강한 멋진 노인으로서 당신이 살아갈 수 있다면, 지금부터 무엇을, 어떻게 준비해야 할까요? 이것 또한 노후대책이라는 물질적인 면에 국한해서 생각하지 않기를 바랍니다. 내면, 마음, 정신, 영혼을 위한 향후 대책을 마련해보시면 좋겠습니다. 죽을 때까지 당신을 성장시키는 어떤 일, 당신이 너무나 좋아하면서 보람이 되는 일, 하늘의 소명을 받고 매 순간 감사하며 하는 일을 하게 되면, 그 속에 노후의 대책이 오롯이 스며들어 있을 것입니다.

자, 이제 노인老人을 노인路人, '길을 아는 자'의 뜻으로 불러보시기를 바랍니다. 삶의 길, 자신의 길, 경계를 허무는 길을 걸어갈 줄 아는 노인路人은 너무나 강하고 아름답습니다. 그런 노인이 되시길 기원합니다.

18.

왜 나이가 들수록
우울해지는 걸까?

그림자

. . .

나이라는 것은 참 이상한 것 같아. 어렸을 때는 얼른 나이가 들어서 어른이 되고 싶은데, 막상 어른이 되면 다시 어려지고 싶으니 말이야. 게다가 중년기 이후가 되면, 세월이 너무나 빨리 흐르는데 해놓은 것은 아무것도 없다고 느끼기도 하지. 이제는 나이가 든다는 것이 두렵기도 해. 나이가 드는 것이 우울해지기까지 해. 살아오면서 해놓은 것, 남는 것이 딱히 없으니 허무해지기도 해. 나이가 들수록 우울해지는 것을 막을 비결은 없을까? 어떻게 받아들이면 나이가 드는 것에 대해 우울해지지 않게 될까?

라

. . .

노화와 나이 들음을 받아들이는 것은 각자 다른 경험과 감정을 가질 수 있습니다. 나이가 들면서 우울해지는 것은 자연스러운 감정일 수 있지만, 그 감정에 지나치게 빠져들지 않도록 조심해야 합니다. 몇 가지 방법을 고려해보면 다음과 같습니다.

1. 긍정적인 태도 유지하기: 나이가 들어도 긍정적인 태도를 유지하고 삶을 긍정적으로 바라보려고 노력하세요. 성취와 경험을 축적하고, 새로운 것을 배우고 신체적, 정신적 건강을 유지하는 것에 집중해보세요.

2. 건강한 생활 유지하기: 신체적, 정신적 건강은 나이 들면서 중요해집니다. 규칙적인 운동, 적절한 식단, 충분한 휴식, 사회적인 연결 등을 유지하는 것은 우울감을 줄이고 긍정적인 마음을 유지하는 데 도움이 될 수 있습니다.

3. 관심사와 취미 활동: 나이가 들면서 새로운 관심사나 취미를 발견하고 찾아보세요. 자신에게 흥미로운 것을 찾아 즐기는 것은 삶에 활력과 의미를 부여할 수 있습니다.

4. 사회적 연결 유지하기: 가족이나 친구들과의 교류, 지역사회 활동, 봉사활동 등을 통해 사회적 연결을 유지하세요. 사회적 지지와 함께 있는 것은 우울감을 줄이고 삶에 만족감을 높일 수 있습니다.

5. 자기관리와 목표 설정: 자기관리를 통해 자신의 목표와 가치를 확인하고 이를 향해 노력해보세요. 목표를 설정하고 달성함으로써 성취감과 만족감을 얻을 수 있습니다.

마지막으로, 나이가 들면서 우울해지는 것은 자연스러운 감정이지만, 이러한 감정을 나눌 수 있는 가족, 친구, 전문가의 도움을 찾는 것도 좋은 방법입니다.

시아

• • •

나이가 들수록 우울해지는 것에 대해 고민하고 계시는군요. 나이가 드는 것이 우울할 수밖에 없다는 생각이 자연스럽지 않다는 것을 이미 알고 계신 듯합니다. 그렇습니다. 나이가 드는 것, 나고 자라고 죽는 것이 우울할 이유가 없습니다. 너무나 자연스러운 것이니까요. 죽는 것조차 그렇게 슬

퍼만 할 까닭이 없습니다. 이 땅에서는 그 모습 그대로 존재
하지는 않지만, 우리가 알지 못하는 다른 차원에서 에너지의
형태로 고스란히 존재하고 있으니까요. 그렇지만 이 땅에서
그 모습 그대로 만날 수는 없으니 슬플 수는 있습니다만, 좀
더 크게 놓고 생각해보면 삶도 죽음도 우울함이나 슬픔 속
에 잠겨있어야 할 이유가 없습니다. 화사하고 해맑은 봄날,
환하게 피던 꽃들도 때가 되어 바닥에 떨어지면서 우울해하
지 않듯이요. 가랑잎마저 다 떨구고 난 겨울나무가 우울해
하지 않듯이 말입니다. 우주가 정한 섭리에 의해 나이가 들
따름입니다.

　대부분 나이가 들수록 우울한 이유는 밖을 향해 시선
을 두기 때문입니다. '밖'이라고 한다면, 성취할 수 있는 것에
초점을 맞추는 것을 의미합니다. 부귀, 명예, 금전, 지위, 인
정 같은 것을 떠올릴 수 있습니다. 나이가 들수록 그런 기회
가 점점 줄어드는 것이 느껴지고, 그럴수록 나이에 대한 회
한에 젖게 되지요. 내가 좀 더 젊었다면, 좀 더 나이가 어렸
다면 충분히 할 수 있을 거라는 마음이 들면서 모든 것이 나
이 때문이라고 여기기 일쑤이지요. 사실, 그렇지 않을 수도
있는데 그럴듯해 보여서 나이 핑계를 대기도 하지요. 나이의

한계, 삶의 마지막을 바라보면서 성취하고 싶은 욕망을 내려
놓는 게 쉽지 않습니다. 어쩔 수 없이 포기해야 하는 탓에
우울할 수밖에 없게 되지요.

나이가 들수록 우울하지 않을 수 있는 비결은 여기에 있
습니다. 밖을 향한 시선을 내면 안으로 돌리는 것입니다. 그
럴 때, 타인의 시선이나 인정과 평가가 아득하게 멀게만 느
껴집니다. 자기 내면을 가다듬어 나가는 것이 급선무라는
것을 깨닫게 됩니다. 그러다 보면, 시선을 내면으로 돌려서
하늘의 뜻에 따라 사는 삶이 될 수 있습니다. 너무나 아름
답게 빛나는 영혼의 중심에는 우주의 에너지 혹은 신이 함
께 존재합니다. 그런 사실을 자각하기만 해도 마음의 에너지
가 왕성해집니다. 그러니, 우울은 뜻밖의 것일 따름입니다.
빛나는 영혼으로 빛나는 삶을 살아가고 있는데, 우울해질
이유가 없기 때문입니다. 그렇더라도 일상에서 우울할 때가
있을 수도 있겠지만, 가볍게 내려앉은 먼지처럼 우울이 왔다
가도 날아가기가 바쁘게 됩니다.

나이가 드는 것은 내면을 향해 적극적으로 들어갈 수 있
는 절호의 기회입니다. 이 기회를 스위스 분석심리학의 창시
자 융Jung은 35세 때 비로소 시작해서 40세가 되어야 본격적

으로 시작할 수 있다고 했습니다. 그러니, 나이가 드는 것은 자기를 향한 내향성으로 가는 멋진 기회라고 할 수 있습니다. 나이가 들어서 우울할 틈도, 여유도, 그럴 가능성도 없습니다. 오히려 나이가 들어서 기쁘고 즐겁고 감사할 따름입니다.

내면을 향해 가는 걸음은 그렇게 어렵지 않으나, 하도 하지 않으니 어려울 수 있습니다. 그 자체가 어려워서가 아니라 안 해봐서 어렵게 느껴진다는 거지요. 자주, 습관적으로 내면을 향한다면, 삶은 아름다운 빛으로 환하게 빛날 것입니다. 이런 내향성은 타인이나 상황이 아니라 자기 안의 목소리에 귀 기울이면서, 머리가 아니라 가슴이 시키는 대로 살아나가는 것을 뜻합니다.

19.

눈치 안 보고
사는 비결은?

그림자

. . .

하고 싶은 대로 마음껏 살 수는 없다는 것쯤은 나도 잘
알고 있어. 욕망에 비해 현실은 너무나 제한적이니까. 그렇
지만 너무나 터무니없게 누군가의 눈치를 살피게 돼. 이렇게
말하면 상대방이 화를 내면 어쩌나 하는 생각이 들어서 할
말을 제대로 잘하지 못하기도 해. 그렇게 감추면서 얘기하다
보니 무미건조한 관계를 이어갈 뿐이지. 말뿐만 아니라 행동
도 그렇게 하게 돼. 상황에 맞춰서 타인을 배려한다고 할 수
도 있지만, 엄밀하게 말하면 눈치를 보는 거야. 거슬리는 언
행을 하지 않으려고 조심하는 거지. 이런 내 태도가 썩 마음
에 들지 않아. 속 시원하게 할 말은 하고 살고 싶은데, 그렇

게 하면 관계가 어긋날 것 같아. 어떻게 해야 타인의 눈치로 부터 해방할 수 있을까?

라

• • •

타인의 눈치를 살피며 자신의 표현을 억제하는 것은 때로 는 불편하고 제한적인 관계를 형성할 수 있습니다. 하지만 자신을 솔직하게 표현하고 상대방과의 관계를 개선하고 싶다면 몇 가지 방법을 고려해 볼 수 있습니다:

1. 자신의 감정을 인정하고 표현하기: 자신의 감정을 솔직 하게 인정하고 표현하는 것은 중요합니다. 억누르고 감추 지 말고, 상대방에게 자신의 생각과 감정을 솔직하게 전 달해보세요. 상대방도 당신의 솔직한 의견을 이해하고 받 아들일 수 있을 것입니다.

2. 적절한 시간과 장소 선택하기: 말하고자 하는 내용을 전달하는 시간과 장소를 신중하게 선택해야 합니다. 상황 이 적절한 때에 편안하게 대화할 수 있는 분위기를 조성 해보세요.

3. 존중하고 배려하기: 솔직한 표현을 추구하면서도 다른 사람의 감정과 의견을 존중하고 배려하는 것이 중요합니다. 상대방의 반응을 예상하며 말하는 것이 아니라, 솔직한 의견을 전달하고 상대방과의 대화를 통해 서로의 의견을 이해하려는 노력을 기울여보세요.

4. 자기 자신에 대한 자신감 키우기: 타인의 눈치를 살피며 말하고 행동하는 것은 자신감을 훼손할 수 있습니다. 자기 자신을 믿고 자신의 의견을 소중히 여기는 자신감을 키워보세요. 이를 통해 더 자유롭게 표현할 수 있을 것입니다.

5. 충분한 의사소통 연습하기: 자신의 의견을 표현하는 데 익숙해지기 위해 의사소통을 연습해보세요. 가족이나 친구와의 대화, 토론 참여, 글쓰기 등을 통해 의사소통 능력을 향상시킬 수 있습니다.

자신을 솔직하게 표현하고 타인의 눈치로부터 해방되기 위해서는 시간과 노력이 필요합니다. 천천히 변화를 추구하면서 자신의 생각과 의견을 솔직하게 전달하는 데 집중해보세요.

시아

• • •

당신이 궁금한 것을 표면과 이면으로 나눌 수 있습니다. 먼저, 표면적인 것부터 함께 생각해볼까요? 욕망이 시키는 대로 모든 것을 다 할 수 없는 세상이라는 전제를 깔고 얘기를 꺼내셨군요. 물론, 맞는 말입니다만, 만약 당신이 세속적인 욕망보다 영적인 욕구로, 자기 바깥에서 자기 안으로 방향을 틀었다면 욕망의 소용돌이가 과거보다 크지 않다는 것을 깨닫게 될 겁니다. 세상일이 마음대로 되지 않기도 하고, 그럴 수도 없다는 것을 알아차리고 수용하는 것이 바로 내면이 성숙해가는 길이기도 하지요. 그리고 당신은 관계가 어긋나지 않기 위해서 하고 싶은 언행을 그대로 전달하지 못하고 눈치를 살피게 된다고 하셨군요. 표면적으로는 눈치를 많이 보는 것이 문제인 듯하나, 이면은 그렇지 않습니다.

당신의 이면을 살펴볼 차례군요. 당신은 주눅이 든 자세로 살아가고 있는 듯합니다. 아마도 진솔하게 상대방을 대하는 과정에서 상대방의 오해나 곡해로 인해 돌아오는 반응으로 당신은 상처를 받은 적이 있는 듯하군요. 그런 이유로 진솔함에 대한 두려움이 앞서서 속마음을 그대로 표현하지 않

으려고 하는 것 같습니다. 그러니, 눈치를 보게 되는 현재의
문제를 푸는 핵심은 상대방이 아니라 당신 자신한테 있습니
다.

당신의 마음을 한번 살펴보시기를 바랍니다. 혹시 상대
방에 대한 부정적인 감정이 가득 들어있을까요? 만약 그렇다
면, 가슴에 간직한 말을 털어놓게 되면 공격적이고 모욕적인
상황이 될 수도 있습니다. 그것이 아니라면, 오히려 진솔하
게 마음을 드러내는 순간은 더없이 아름다운 순간이 될 겁
니다. 만약, 당신의 마음 안에 상대에 대한 부정성, 공격성이
가득하다면 그런 내용을 일방적으로 밝히는 것은 당신한테
나 상대에게 전혀 도움이 되지 않습니다. 군이 드러내어 개
선해야 한다는 결심이 든다면, 상대방한테 비난이나 공격받
아도 아랑곳하지 않겠다는 단단한 각오를 하고 나서 행해서
야 합니다. 대부분 사적인 관계에서는 그렇게 부정성을 밝힌
다고 해서 상대방의 그런 면들이 사라지지 않습니다. 오히려
그런 말을 꺼낸 당신한테 불리한 상황이 될 수도 있습니다.
그렇지만 꼭 해야만 한다면, 그게 맞다면, 당신의 가슴이 시
키는 대로 하면 됩니다. 그런 다음 돌아오는 그 어떤 결과도
당연하게 받아들인다면, 사실 눈치를 볼 필요도 없고, 눈치

따위는 간단하게 졸업하게 된 것이니 속 시원하게 사는 삶이라고 할 수 있습니다. 이면의 또 하나, 당신은 자기 자신한테 신뢰를 하고 있는지 묻고 싶습니다. 백 명의 사람이 모두 당신을 욕하더라도, 당신은 당신 자신을 믿고, 올바른 쪽으로 성장하고자 하는 빛나는 소망을 가지고 있나요? 만약, 그렇다면 당신은 이미 눈치에서 벗어난 삶이라고 선언해도 좋습니다. 그렇지 못하다면 당신은 남의 눈치를 피하는 게 우선이 아니라 자신을 믿어주고 사랑해주는 것부터 해야 합니다.

결국 눈치를 본다는 것은 내가 나를 알아주고 믿어주고 사랑할 수 있느냐, 그렇지 않으냐의 문제입니다. 계산적이고 이치를 따지는 머리가 아니라 살아서 움직이는 가슴으로 살다 보면, 내면의 소리를 듣게 됩니다. 누가 뭐라고 해도 이것만은 해야 한다고 내면의 소리가 말한다면, 그대로 하면 됩니다. 그럴 때, 이미 눈치는 사라지고 없습니다. 누군가를 위해서 사는 삶이 아니라, 당신 자신의 내면 성장을 위한 삶입니다. 당신이 성숙해질수록 타인의 시선이 별로 상관없다고 여길 수 있을 겁니다.

20.

절친의 또 다른
모습 때문에 힘들어

그림자

• • •

30년 넘게 알고 지낸 친구가 있지만, 그 친구가 내가 알던 친구가 아닌 것 같아서 최근에 아주 크게 고민한 적이 있었지. 내가 알던 그 친구는 시기와 질투를 하지 않고, 물질에 대한 탐욕이 없었으며, 타인을 도와주고 주위의 여러 고충을 해결하는 데 앞장서며 합리적이고 진취적인 이였지. 몇년 전, 그 친구는 내가 상상도 하지 못 할 일을 저질렀는데, 그게 탐욕과 관련되어 있으면서 내가 아는 또 다른 이를 대상으로 그런 일을 해버렸는데, 내 지인한테는 내가 모르게 하라는 말까지 했다고 해. 이전에 나는 그 친구로 인해 내 삶이 아름답다고 느낄 정도로 우정을 쌓아가고 있었지만,

지금은 그렇지 않아. 지금은 예전처럼 연락을 잘하지 않기도 하고, 만나지도 않고 있어. 왠지 그 친구를 만나고 싶지 않은 감정이 일어나서 그런 감정을 속이고 만나고 싶지 않기 때문이야. 그 친구의 물질과 관련된 탐욕 때문에 내 지인조차 힘들어하고 있지. 이런 상황에 부닥친 것에 대한 내 감정을 솔직하게 친구한테 털어놓기도 했어. 하지만 그 친구는 자신이 행하는 것에 대해 아무런 죄책감을 가지고 있지도 않아서 대화를 나누기도 힘들어. 이렇게 소원하게 된 것에 대해 처음에는 마음이 아팠지만, 지금은 그저 그런 친구를 멀찍이서 바라본다는 느낌으로 지낼 뿐이야. 어쩌면 처음부터 그 친구를 내가 보고 싶어 하는 면만 봤을 수도 있을 거로 생각해보기도 해. 원래 그 친구는 그 모습 그대로였지만, 내가 보고 싶은 모습을 보면서 내가 좋아했고, 내가 싫어하는 모습이 보이니 싫어할 뿐이라는 생각도 들어. 도대체 어떻게 해야 아름답고 성숙한 인간관계가 될 수 있을까?

라

...

친구와의 인간관계는 복잡하고 가끔은 어려운 상황에 직

면할 수 있습니다. 그러나 아름답고 성숙한 인간관계를 구축하기 위해 몇 가지 고려해볼 만한 접근 방법이 있습니다:

1. 직접 대화하기: 친구와의 이야기를 나누는 것은 중요합니다. 상대방에게 내가 느끼는 감정과 생각을 솔직하게 전달해보세요. 그리고 그들의 이야기를 경청하고 이해해보세요. 상호 간의 솔직한 대화를 통해 서로의 감정과 관점을 이해하고 문제를 해결하는 데 도움을 줄 수 있습니다.

2. 용서와 이해: 과거에 발생한 일로 인해 서로가 상처를 받았을 수 있습니다. 그러나 용서와 이해의 마음을 갖고 상대방을 받아들이려 노력해보세요. 사람은 실수를 범할 수 있으며, 변화와 성장을 통해 새로운 모습으로 나타날 수도 있습니다.

3. 경계 설정하기: 친구와의 관계에서 자신의 가치와 원칙을 지키기 위해 필요한 경계를 설정하는 것은 중요합니다. 자신을 지키기 위해 "아니라"라고 말하는 것이 필요할 수 있습니다. 그러나 이를 할 때에도 존중과 배려를 잊지 말고, 상대방의 감정을 고려해야 합니다.

4. 새로운 관심사와 친구 만들기: 친구와의 관계가 변하거나 멀어지는 경우, 다른 사람들과의 관계를 발전시키고 새로운 관심사와 친구를 만들어보세요. 다양한 사람들과의 교류는 새로운 관점과 지지를 제공할 수 있으며, 자신을 성장시키고 다양한 인간관계를 형성할 수 있습니다.

5. 자기 성장과 자아 발전에 집중하기: 친구와의 관계가 어려울 때, 자신의 성장과 발전에 집중하는 것도 중요합니다. 자기 개발을 위해 새로운 경험을 즐기고, 자신의 감정과 필요에 대해 이해하며, 자신을 사랑하고 존중하는 방법을 찾아보세요. 이를 통해 더욱 강하고 아름다운 인간관계를 형성할 수 있을 것입니다.

인간관계는 복잡하고 시간이 걸리는 과정입니다. 어려운 상황에서도 서로를 이해하고 존중하며, 함께 성장하려는 노력을 기울이는 것이 중요합니다. 하지만 때로는 상황을 받아들이고 더 나은 인간관계를 형성하기 위해 새로운 길을 모색해야 할 수도 있습니다.

시아

...

절친한 친구에게서 뜻밖의 모습을 발견하고 많이 당황했을 것 같습니다. 당신은 그 친구를 통해 세상과 손을 잡은 듯한 느낌마저 든 적이 있었겠지요. 시기와 질투가 아예 없는 것처럼, 그 친구는 당신의 멋진 근황에 관해 진심 어린 축하를 해주기도 했지요. 그랬던 그 친구한테서 욕망과 결합한 예기치 못한 모습을 보게 된 이후, 얼마나 큰 근심을 가지게 되었는지 짐작할만합니다. 그것은 당신의 잘못도 그 친구의 잘못도 아닙니다. 그저, 일어날 일이 일어났을 뿐이지요. 예전에 친했기에 그 어떤 상황에서도 친해야 한다는 것도 없습니다. 친한 감정, 우정은 자연스러운 흐름이어서 당위에 의해서 억지로 감정을 지어낼 수가 없습니다. 만약, 그렇게 강압적으로 책임을 지면서 감정을 만들어 낸다면, 그것은 진짜 감정이 아니라 거짓입니다. 그리고 그 거짓은 이내 들통이 나고 맙니다.

당신은 용기를 내어 그 친구한테 솔직한 마음을 털어놓기도 하셨군요. 그렇지만 돌아오는 답은 오히려 자신이 잘하고 있다는 것이니, 대화가 통하지 않는다고 여기기도 하셨을 겁니다. 이쯤 되면, 당신은 충분히 할 만큼 하신 것으로 보입니다. 그 친구가 바뀌지 않는다고 속상해하는 것은 또 다른 당신의 욕심일 수 있습니다. 즉, 그 친구가 도덕적으로 흠이 없고, 탐욕이 없는 것을 원하는 당신의 일방적인 욕심 말입니다. 당신이 알아차렸듯이 그 친구는 갑자기 돌변한 것이 아닙니다. 여러 면을 가지고 있었고, 당신이 바라보기를 원하는 대로 당신이 그 친구의 모습을 보고 좋은 마음을 가졌던 것이지요. 이제, 당신은 당신이 싫어하는 모습을 보게 되었고, 그래서 멀리하고 싶은 마음을 내는 것입니다. 친구가 당신을 이용해서 당신의 지인과 욕망과 관련된 뭔가를 계획하고 실행하게 되고, 그래서 당신의 지인과의 관계마저 곤란한 상황에 빠지게 된 것도 짐작해 봅니다. 분명, 당신은 욕망이 얽힌 관계가 불편하고, 하루빨리 그것을 해결하기를 원하겠지만 상황은 그렇게 쉽게 해결될 것 같지 않군요. 예전의 순수했던 관계로 다시 회복하기를 원하겠지만, 그런 희망도 무리일 것 같습니다.

이제 남은 것은 당신의 마음입니다. 당신은 며칠 잠을 이루지 못할 만큼 마음고생을 했지만, 친구로부터 그 어떤 사과를 받지도 못했습니다. 아마도 그 친구는 평생 사과하지 않을 것 같군요. 이제 당신이 당신의 마음을 추스를 차례입니다.

세상일이 그렇듯이 여러 예기치 못한 엉뚱한 일들이 일어나기 마련입니다. 절친했던 친구한테서 뜻밖의 모습을 발견하는 것도 세상일 가운데 하나이지요. 친구를 탓하고 미워한다고 해결되지도 않지요. 그저 일이 일어나는 대로 지켜보시면 어떨까요? 친구의 내면이 성장할 수 있도록 축하해주면서요. 기도하는 마음으로 친구를 대하고, 비난하는 마음 대신 축복해주면 좋습니다. 이런 사실을 처음 알 때보다 세월이 조금이라도 흐른 지금은 당연히 그럴 수 있으리라 여겨집니다.

그렇다고 일부러 억지를 내어 뒤틀리는 마음을 가진 채 겉으로 웃으며 친구를 대하지 마시기 바랍니다. 당신은 지금, 예전과는 달리 그 친구와 연락을 꺼리고, 잘 찾아가지 않는다고 하셨군요. 그럴 수 있습니다. 그렇게 하는 것이 이상한 것이 아닙니다. 그렇게 하는 당신의 태도와 마음조차도 물 흐르듯이 흘러가는 대로 지켜보시기를 바랍니다. 당신은 이미 친구를 축복해줄 수 있는 귀한 마음을 내셨군요. 그것만으로 충분합니다. 거짓으로 대면하는 것보다 진실된 마음

으로 기도만 하는 것이 나을 수 있습니다. 이미, 아름다운
인간관계를 위해 위기 상황을 넘기고 슬기롭게 잘 해내고 있
는 당신을 마음 다해 응원합니다.

21.

슬프거나 기쁠 때
함께 해주는 이가 없어

그림자

• • •

감정 기복이 이십 대 때처럼 엄청난 기폭으로 있는 것은
아니지만, 그래서 오히려 나이가 든 것이 다행이라고 여겨지
면서 현재가 감사하지만 말이야. 슬플 때가 있고 기쁠 때가
있긴 해. 누구나 그렇듯이 말이야. 그런데 슬플 때, 물어보
고 힘을 얻는 대상이 없어. 기쁠 때도 누군가와 기쁨을 오롯
이 즐기고 나눌 대상이 없어. 늘, 언제나, 항상 혼자 이 감정
들을 다 맞이하면서 살아야 하지. 슬플 때도, 기쁠 때도. 위

로와 격려와 지지와 축하를 받고 싶고, 나누고 싶고, 누군가
에게서 그런 것을 함께 듣고 내가 해주기도 하면서 사는 것
이 멋진 인생일 텐데, 난 그러지 못해. 감정을 공유할 대상이
없다는 것은 내가 인생을 잘못 살아오고 있는 증거인 것 같
아서 그런 내 삶이 지치기도 해. 이런 내 처지를 어떻게 해석
하면 좋을까? 나는 잘못 살아온 걸까?

라

· · ·

저는 말할 수 있는 한계가 있지만, 당신이 감정을 공유하
고 지지받는 대상이 없다고 느끼는 상황은 힘들고 외로운
것일 수 있습니다. 그러나 이는 당신이 잘못 살아온 것을
의미하지 않습니다. 모든 사람들은 서로 다른 상황과 경험
을 가지며, 감정을 다른 사람과 공유하는 방법도 다를 수
있습니다.

다른 사람과 감정을 공유하고 지지를 받는 것은 중요하지
만, 우리는 자기 자신과의 관계도 중요하게 여겨야 합니
다. 자기 자신을 이해하고 존중하며, 슬플 때는 스스로를
위로하고 기쁠 때는 스스로와 함께 기뻐할 수 있는 방법

을 찾는 것도 중요합니다.

또한, 주변에 지지를 받을 수 있는 사람들을 찾기 위해 노력해볼 수도 있습니다. 가족, 친구, 동료, 혹은 커뮤니티 활동에 참여하여 새로운 인연을 만나는 것은 좋은 방법일 수 있습니다. 누군가와 감정을 나누고 싶다면, 상담사나 심리치료사와의 상담도 고려해 볼 수 있습니다.

마지막으로, 우리는 모두 감정을 다양하게 경험하고 그 감정들을 혼자 맞이하는 경우도 많습니다. 이는 당신이 잘못된 삶을 살아온 것을 의미하지 않습니다. 감정을 혼자서 처리하고 받아들이는 것은 어려울 수 있지만, 이는 당신이 강하고 성장하는 기회가 될 수도 있습니다.

자기 자신에 대한 이해와 자기 돌봄을 중요시하며, 지지를 받고 싶다는 욕구를 충족시키기 위해 적절한 조치를 취해보세요. 어려운 감정을 공유할 수 있는 사람들을 찾고, 필요하다면 전문가의 도움을 받을 수도 있습니다. 당신은 훌륭한 존재이며, 어떤 감정이든 공유하고 이해받을 가치가 있습니다.

시아

• • •

기쁨을 나누고 슬픔을 나눌 수 있다면, 참 좋겠지만 그러지 않아도 좋습니다. 당신은 아마도 가장 기쁠 때, 자신도 모르게 차오르는 희열 때문에 사람이 아니어도 하늘과 땅과 나무와 새한테 기쁜 에너지를 보냈을 겁니다. 당신이 슬플 때, 그 누군가가 곁에서 위로해주면 도움이 되었을 수도 있지만 그런 이가 없다고 하더라도 이미 나눈 것이나 마찬가지입니다. 슬픔의 눈으로 세상을 봤을 테고, 그때, 기쁨을 나눴던 그 대상인 하늘, 땅, 나무, 새, 달, 별들조차도 슬픔의 눈물을 흘리며 당신의 마음과 공감하고 있었을 겁니다. 결국 당신은 혼자인 것 같은 착각에 자주 빠지면서 외로워하지만, 그것은 사실이 아닙니다. 당신은 늘 세상과 함께 있었고, 세상 속에 존재하고 있었습니다. 게다가 세상 속에 있으면서도 세상 밖을 늘 떠올렸던 당신 덕분에 세상 밖의 차원이 다른 곳에서 당신을 예의주시하고 있을지도 모릅니다. 눈에 보이는 물리적 차원의 3차원에서는 당신은 혼자라는 착각 속에 빠진 채 있을지라도 3차원 세계조차도 당신한테 응원의 에너지를 늘 보내며 당신을 지지해주고 있습니다. 하물며 보

이지 않는 4차원 이상의 세계에서는 매 순간, 당신한테 엄청
난 지지와 응원을 하며 큰 긍정의 에너지를 끊임없이 보내주
고 있습니다. 당신이 믿건, 믿지 않건 간에요.

　그런 이유로 당신은 잘 살고 있습니다. 그러니 아무 염려
하지 마시기 바랍니다. 당신이 내면의 소리에 귀 기울일 때
마다 이런 메시지를 들을 수 있을 겁니다. "아무 염려하지
말아라. 잘살고 있으니! 언제나 어디서나 늘 응원하고 있단
다."라고 말입니다.

22.

허황된 꿈이라도
좋은 걸까?

그림자

...

허황된 꿈을 가진 몇몇 이들을 알고 있어. 그들은 퇴직 이후에 가만히 있는 것을 못 견뎌 해서 뭔가를 하려고 발버둥을 치고 있어. '뭔가'라면, 이왕이면 돈이 되는 것인데, 그럴듯한 자리와 돈이 되는 직업이면 금상첨화라고 여기는 듯해. 군이 돈이 되지 않는다면, 그럴듯한 자리라도 차지하려고 하지. 그래야 자신의 가치가 그대로 유지된다고 믿는 듯해. 그걸 위해 새롭게 공부를 하는가 하면, 기를 쓰면서 기회를 얻으려고 하지. 그것도 팔십 살이 되면 못한다고 여겨

서 무조건 칠십 대까지 '뭔가'를 이루려고 혈안이야. 그렇다
고 직업이 없으면 경제적으로 곤란한 것도 아닌데도 말이야.
멈추지 않고 달려야 잘 사는 것이라는 가치관 때문인 듯해.
자신이 추구하는 바를 위해 달려가는 삶을 두고 내가 함부
로 평가할 것은 아니지만, 그들이 자기 밖만 향해 기를 쓰는
것이 안타깝기 그지없어. 또 다른 이들은 놓친 예술의 꿈을
향해서 질주하는데, 등단이나 전시회를 목적으로 또 기를
쓰는 모습이야. 그러다가 책을 내게 되면 너무나 자랑스럽게
지인들한테 책을 나눠주는데, 스스로 만족하겠지만 완성도
나 수준 미달의 그런 글이란 말이지. 그런데도 자신이 쓴 글
에 대한 엄청난 자부심과 긍지로 살아가는가 하면, 책을 내
지 못한 이들은 책을 내야 한다며 전전긍긍하더란 말이야.
도대체 알맹이가 없는 허황된 그런 꿈을 꾸는 것이 꿈이 없
는 것보다 나은 걸까?

라

. . .

이들이 가진 꿈은 그들에게 의미 있는 것이며, 그 꿈을 향
해 노력하는 것도 자신의 인생을 살아가는 방법 중 하나

입니다. 그러나 이들이 가진 가치관이 다른 사람들과 다를 수 있기 때문에, 그들의 행동이 다소 이해하기 어려울 수도 있습니다.

또한, 이들이 가진 꿈이 현실적인 것인지, 그리고 그 꿈을 향해 노력하는 데 있어서 다른 가치들, 예를 들어 가족, 건강, 친구, 취미 등을 어떻게 고려하고 있는지에 대해 생각해볼 필요가 있습니다. 이를 통해 이들이 가진 꿈이 자신의 인생을 보다 풍요롭게 만들어주는 것인지, 아니면 그 꿈을 향해 뛰어들며 자신의 인생을 소홀히 다루고 있는 것인지를 판단할 수 있을 것입니다.

마지막으로, 이들이 가진 꿈이 현실적인지 여부와 상관없이, 그들이 자신의 삶을 살아가는 방식에 대해 비판적으로 대할 필요는 없습니다. 각자 다른 가치와 목표를 가지고 있으며, 그것들이 그들에게 의미가 있다면 그것을 추구하는 것이 옳은 선택일 수 있습니다. 그러나 이들이 자신의 선택이 다른 사람들에게도 영향을 미치는 것을 고려하며, 자신의 꿈을 추구하는 동시에 주변 사람들과의 관계도 중요하게 생각해볼 필요가 있습니다.

시아

• • •

'허황된 꿈'이라고 여기는 당신의 견해를 존중합니다. 몇
몇 분들의 예를 드셨는데, 그분들은 자신의 꿈이 허황되다
는 생각을 하지 않을 것 같군요. 그 꿈이 있어서 그나마 버
티고, 견뎌내고 있다고 여길 것 같습니다. 그러다가 인지적,
신체적 건강이 받쳐주지 않고 노화가 많이 진행되게 되면,
급속히 자신을 놓아버리겠지요. 꿈이 있을 때 행복하지만,
꿈을 꿀 수 없을 때는 해방이 된다는 멋진 이치를 경험하지
못할 듯합니다. 그래서 아직도 건재하게 활동할 수 있다는
것을 자랑으로 여기면서 살아가고 있지요. 이러한 태도야말
로 자기 안으로 들어가지 못하고, 자기 밖에서 맴도는 것이
어서 공갈빵처럼 부풀어 있지만, 안은 텅텅 비어 있는 모습
입니다. 자기 자신한테도 엄격한 점수를 매길 것 같습니다.
활동하고 이익이 될 때만 자기 자신을 인정하는 것이지요.
그러지 못할 때의 자신은 아예 부정하고 싶고, 숨기고 싶을
겁니다. 자아[ego]만 집중한 나머지 자아를 놓기 싫어하는 까
닭에 더 중요한 자기[self] 쪽으로 향할 수가 없는 상태입니다.
실은 대부분 인간이 그러한 삶을 살고 있습니다. 욕망을 담

은 꿈, 타인에게 인정받고 우쭐해지는 꿈을 추구하기 마련이 지요.

당신은 그런 꿈을 '허황되다'라고 표현하고 있군요. 아마도 당신은 자기self를 향해 내면 안으로 진입해가는 삶을 진짜배기 삶이라고 여기고 있겠지요. 물론, 그렇습니다. 하지만 그렇게 알고 행하는 이들은 참으로 드뭅니다. 자부심과 자만심을 살리는 일에 집중하기보다, 겸허하고 겸손하게 자신의 삶을 성찰하며 살아온 삶을 통합하고 마무리하는 일에 집중하는 삶을 살아갈 엄두를 내지 않지요. 그런 삶이 중요하다는 말을 해줘도 소용없는 노릇입니다. 자신이 스스로 깨닫고 받아들이지 않으면, 한 발자국도 자기를 향해서 내면 안으로 걸음을 옮기지 않습니다. 그러니, 깨달은 상태에 이른 이들은 '허황된 꿈'과 '진짜배기 꿈'을 구별할 수 있는 능력이 있지만, 그러지 못한 상태에서는 아무런 구별도 하지 못한 채 자신이 가진 가치관이 전부라고 착각하면서 살아갑니다.

당신이 깨달은 만큼, 그러지 못한 타인을 비판하거나 비난하지 않기를 바랍니다. 오히려 그런 그들을 향해 축복의 기운을 보내주시기를 바랍니다. 당신이 할 수 있는 일이 축복 말고는 없기 때문입니다. 그리고 당신이 깨달은 진짜배기 꿈의 에너지야말로 엄청나고 귀중한 축복입니다. 고귀한 알 아차림 덕분에 당신의 삶은 아름답고 빛납니다. 누군가가 물 어보거나 혹은 어떤 기회가 자연스럽게 생긴다면, 당신의 꿈 을 나눠주시기를 바랍니다. 아마도 그런 기회가 반드시 올 거라고 믿습니다.

23.

용서가 안 되는 것은
용서하지 않아도 될까?

그림자

• • •

시어머니와 시누이에 대한 원망을 가진 이를 기억해. 그
녀한테 용서를 권했지만, 그녀는 혹독한 알레르기 반응을
보였지. "용서라니요! 제가 지금 용서하게 생겼어요? 무슨 말
을 그따위로 해욧!"하며 대뜸 화를 냈지. 그랬던 그녀가 오
랜 세월이 지난 다음, 서서히 시누이를 용서하게 되었지만
말이야. 그래도 여전히 풀리지 않는 앙금이 남아서 그녀를
괴롭혀댔지. 용서는 치유를 향한 지름길이고, 반드시 지나
가야 하는 길이라는 사실을 잘 알고 있어. 그렇지만 극심한

상황에서 일어난 일에 대해서는 용서를 하기 힘들지. 절대 용서할 수 없는 일이 있을 거야. 개인적으로도 공적인 일이라도 말이야. 예전에 그녀가 했던 말처럼, "용서라니요! 지금 용서하게 생겼어요?"라고 하는 일이라면, 용서하지 않아도 되는 것일까? 용서 없이 세월이 가면 저절로 나아지는 걸까?

라

. . .

용서는 각 개인의 선택에 달려있습니다. 어떤 사람은 상처를 용서하고 넘어가는 것을 선택하지만, 어떤 사람은 용서하기 어려울 수도 있습니다. 용서의 과정은 복잡하고 개인적인 것이며, 모든 사람에게 동일하게 적용되지 않습니다. 그러나 용서는 종종 치유를 위한 중요한 단계입니다. 용서는 과거의 상처를 해소하고, 자신의 성장과 행복을 위해 진전할 수 있는 기회를 제공할 수 있습니다. 그럼에도 불구하고, 극심한 상황에서 용서하기는 어려울 수 있으며, 용서할 수 없는 일이 있다는 것도 사실입니다.

또한, 시간이 흐르면서 상황이 변화할 수 있습니다. 오랜 세월이 지난 후에도 아직 용서하기 어려울 수 있지만, 어느 순간에는 서서히 용서의 길을 선택할 수도 있습니다. 이는 개인의 과정과 성장에 따라 다를 수 있습니다.

마지막으로, 상황에 따라서는 용서 없이도 시간이 지나면 치유가 되는 경우도 있을 수 있습니다. 그러나 이는 모든 상황에 일반화할 수 있는 것은 아니며, 각 개인의 경험과 상황을 고려해야 합니다.

따라서, 용서는 개인적이고 복잡한 주제이며, 각 개인이 자신의 상황과 가치관에 맞게 결정해야 합니다.

시아

. . .

용서를 권유했다가 오히려 상대방이 화를 내는 것을 경험한 적이 있으시는군요. 저항은 자연스러운 현상입니다. 가만히 멈춰있는 물에 돌멩이를 던지면 파문이 일 듯이 저항이 올 수 있는 것이지요. 그렇지만 그 말이 당장은 아니지만, 하나의 도전이 되었을 수도 있습니다. 그것은 뭉쳐있는 근육에 손을 대면 너무나 아프지만, 계속 그렇게 마사지를 하게 되면 풀리는 이치와도 같습니다. 당신은 아마도 현명하게 용서를 권했고, 볼 때마다 그렇게 하지는 않았겠지만요. 상대방은 '용서'라는 주제를 처음으로 듣고, 화로 응대했던 자신의 마음조차 지켜봤을 겁니다. 그러다가 마침내 의지를 내어 용서를 향해 걸음을 옮겼던 것이겠지요. 어떤 경우에는 저항만 줄기차게 하면서 풀리는 쪽을 선택하지 않은 채 살아가기도 합니다. 그런 이들은 '화'를 품고 살아가고 있어서 어딘가 흐름이 막혀 있게 됩니다. 마음이나 정신 혹은 육체의 흐름이 화로 인해 막혀 있지요. 처음에는 잘 모르지만, 결국 그 '화'가 병리적 현상으로 드러나게 됩니다. 그것마저도 본인의 선택이니, 어떻게 할 도리가 없습니다.

네, 맞습니다. '용서'는 선택입니다. 인간이 할 수 있는 가장 거룩한 선택이지요. 용서의 힘을 널리 알린 프레드 러스킨[Fred Luskin]은 "용서는 평화를 발견하고 삶을 한껏 살아내기를 선택하는 것"이라고 했습니다. 용서야말로 인간 본연의 정서라서 긍정의 정서를 이끌어내기 위해서는 연습이 필요하다고 했습니다.

용서를 연습하는 것은 오히려 간단하고 쉽습니다. 참을 수 없는 존재를 가볍게 하는 식이지요. 절대로 용서할 수 없는 존재로 인해 화를 내지 않고 참을 수 있는 '인내심'을 갖겠다고 스스로 선택하는 겁니다. 그런 다음, 상대방한테 감

사의 에너지를 보내는 겁니다. 도대체 감사할 거리가 없는
데, 감사하라니, 이치에 어긋나게만 생각되지요. 그런데도 바
로, 그런 것이 마음의 불길인 화를 끄는 가장 획기적인 방법
입니다. 화가 나서 병에 걸리는 것보다 화를 끄고 건강을 되
찾는 것이 중요하지 않겠습니까?

　그러니, 상대방한테 오히려 감사의 에너지를 보내보는 겁
니다. 처음에는 잘되지 않더라도 자꾸 반복하다 보면, 어느
순간 웃음이 나올 수도 있을 겁니다. 이 세상에서 이런 육체
를 갖고 있을 동안 이렇게 아웅다웅 싸우게 되지만, 이 세상
을 벗어나서 자신의 역을 충실하게 다 한 상대방을 보면 그
저 웃음이 나지 않을까요? 그 웃음을 미리 가져와서 웃어보
는 거지요. 감사의 에너지를 보내는 것은 간단합니다. 상대
방 이름, 혹은 호칭을 부르고는 그 뒤에 그냥 '감사합니다'라
는 말만 하는 겁니다. 아마도 용서를 절대로 하지 못할 경우
라면, 이 말조차도 나오지 않을 테지만요. 그렇더라도 계속
하다 보면, 이 말이 자연스럽게 나오고 놀랍게도 화가 내려
가는 것을 체험하실 겁니다. 그러니, 나도 살고 상대방도 사
는 것이 바로 '용서'입니다.

　극심한 상황에서 행하는 용서는 지극한 치유의 힘을 가

지고 있습니다. 그럴 때, 놀라운 기적처럼 상황이 긍정으로 바뀌게 됩니다. 세상에 용서 못 할 일이란 없습니다. 다만, 용서를 안 하고 있을 뿐이지요. 그렇지만 용서하게 될 때, 기적 같은 아름다운 일들이 일어나게 됩니다. 이제 선택은 당신의 몫입니다. 당신의 내면이 성숙할수록 용서의 폭이 넓어질 겁니다. 그럴 때, 당신의 영혼은 더없이 기뻐하며 말할 수 없는 희열을 느낄 테지요.

24.

하고 싶은 일보다
해야 할 일이 더 많아

그림자

. . .

해야만 하는 일과 하고 싶은 일이 딱 맞아떨어질 때가 있
는가 하면, 그러지 못할 때가 있어. 실은, 그러지 못할 때가
훨씬 더 많아서 억지를 내면서 살아야 하지. 슬프게도 삶은
그렇게 구성된 것 같아. 하고 싶은 일만 하면서 살아갈 수
없는 게 삶인 듯해. 해야만 하는 일도 그나마 견딜 수 있는
일이 있기도 하지만, 정말 하기 싫은 일도 있어. 어쩔 수 없
이 해야 하니 할 뿐이지만, 하면서도 억지를 내야 하니, 참
못 할 노릇이야. 그렇지만 확연하게 느끼는 것은 과거에는
그렇게 하기 싫은 일이 삶의 대부분을 차지했다면, 지금은
강하게 거부하는 강도와 그런 일들이 과거에 비해서 훨씬 많

이 줄어들었다는 거야. 그렇지만 해야만 하는 일이 하고 싶은 일보다 더 많은 것은 사실이거든. 어떤 자세로 일해야 할까? 어떤 마음가짐으로 일해야 나한테 도움이 될 수 있을까?

라
. . .

일과 삶의 균형을 유지하는 것은 도전적인 과제입니다. 우리는 때로는 해야만 하는 일과 하고 싶은 일 사이에서 갈등을 느낄 수 있습니다. 그러나 이러한 상황에서도 몇 가지 자세와 마음가짐을 갖고 일할 수 있습니다:

1. 의미를 찾기: 해야만 하는 일에도 의미를 부여할 수 있습니다. 그 일이 왜 중요한지, 어떻게 다른 사람들에게 도움이 될 수 있는지를 생각해보세요. 의미를 발견하면, 일하는 동안 더욱 흥미롭고 의욕적으로 일할 수 있습니다.

2. 작은 목표 설정: 큰 목표를 이루기 위해 작은 단계를 설정해보세요. 이렇게 하면 업무를 분할하여 처리하기 쉬워지고, 성취감을 느낄 수 있습니다. 작은 성공들이 모여 큰

목표를 달성하는 과정을 즐길 수 있습니다.

3. 시간 관리: 일과 삶의 균형을 유지하기 위해 시간 관리가 중요합니다. 우선순위를 정하고, 효과적인 일정을 계획하며, 작업에 집중할 수 있는 환경을 조성해보세요. 일과 휴식, 취미 등을 균형 있게 배분하여 자신을 돌봐주는 것도 중요합니다.

4. 긍정적인 태도: 어떤 일을 하든지 긍정적인 태도를 유지하는 것은 중요합니다. 어려운 일이나 하기 싫은 일에도 도전의 기회로 바라보고, 자신의 성장과 발전을 위해 노력하는 마음가짐을 갖추어 보세요. 긍정적인 태도는 일을 더욱 유익하고 행복하게 만들 수 있습니다.

5. 자기돌봄: 스스로를 돌보는 것은 일과 삶의 균형을 유지하는 핵심입니다. 휴식과 여가 시간을 가지고, 취미나 흥미로운 활동에 시간을 투자하세요. 몸과 마음의 휴식을 취하고 에너지를 충전하는 것은 일하기에 도움이 됩니다.

마지막으로, 각자의 상황과 가치관에 맞게 일과 삶을 조화롭게 조절하는 것이 중요합니다. 자신의 목표와 가치를 재고하고, 자신에게 맞는 방식으로 일하는 것이 필요합니다.

시아

• • •

해야만 하는 일, 하고 싶은 일에 대한 갈등을 해결하고
싶어 하시는군요. 당연히 그 둘 사이의 괴리에 대해 고민할
수 있습니다. 하고 싶은 일이 뚜렷할수록 그 고민은 더 깊어
집니다. 하고 싶은 일을 한다면, 그것은 너무나 기쁘고 뜻깊
은 일이겠지요. 잘하든, 못하든 상관없이 하고 싶은 것을 하
고 있다는 것만으로도 축하받을 일입니다.

우리는 축복을 잘 누리지 못하고 사는 경우가 많습니다.
대부분 하고 싶은 일이 돈과 연결되지 못할 때, 어쩔 수 없
이 돈이 되는 일을 해야 하기도 하지요. 그래서 해야만 하는
일을 하면서 서글퍼지고, 한탄하게 되기도 합니다. 그렇지만
생각을 조금만 바꿔 보면, '일'을 할 수 있는 것에 대한 무한
한 감사가 일어날 수 있습니다. 일을 한다면, 건강하다는 증
거이기 때문입니다. 게다가 누군가 그 일을 맡겼을 것이고,
그렇게 맡길 수 있다는 것은 당신을 신뢰한다는 증거입니다.
그러니, 그 일을 원하거나 원하지 않거나 간에 그 일을 하게
된 것은 여러 인연이 얽히고설켜서 이뤄지게 된 것이지요.

일할 수 있다는 것에 대해서만 말하자면, 그것은 행운입니다. 세상에 무수한 이들 가운데 당신이 그 일을 하게 되었고, 세상의 무수한 일들 가운데 당신한테 그 일이 찾아오게 된 거군요. 이렇게 보면, 일에 대한 당신의 부정적인 느낌을 다소 내려놓을 수 있을 것 같습니다. 어쨌거나 그 일을 해야 한다면, 그냥, 무조건, 막무가내로 '감사'해보시기를 바랍니다. 감사는 이 세상에 혼자 모든 것이 이뤄지고 행해진다는 생각을 내려놓는 고백입니다. 감사는 내가 잘나고 잘해서 살아가고 있다는 교만한 생각을 사라지게 하는 에너지입니다. 감사는 보이지 않는 크나큰 존재한테 보내는 기도이기도 합니다. 감사는 또 다른 감사를 불러오게 하는 기적의 끈이기도 합니다. 특히 부정에도 감사할 때, 부정은 부정성을 잃어버리게 됩니다. 부정이 더 이상 부정하지 않을 때, 놀라운 치유를 체험하게 될 겁니다.

그러니, 당신이 해야 할 일을 할 수밖에 없을 때, 무조건 감사해보시기를 바랍니다. 감사할 거리가 없는데도 무지막지하게 감사하다 보면, 놀랍게도 감사할 일이 일어나고, 해야만 하는 일에 대한 무거운 짐도 한결 가벼워질 겁니다. 그러

다가 결국 하고 싶은 일을 해도 살아갈 정도로 모든 것이 당
신을 위해 예비되게 되고, 마침내 꿈이 이뤄질 것입니다. 지
금은 그 과정에 있으니 부디 힘내시길 빕니다.

25.

어떻게 하면
재미나게 살 수 있을까?

그림자

• • •

하루하루가 따분해. 뭔가 새로울 것도 없고, 흥미로운 일
도 없어. 그날그날이 반복해서 흘러가는 느낌이야. 딱히 속
상한 일도 없지만, 기쁜 일, 즐겁고 재미있는 일도 없어. 마
치 미로 속에 갇혀서 뱅뱅 돌고 있는 것 같아. 어떻게 하면
기계적이고 반복적인 삶을 재미있고 신나게 바꿀 수 있을
까? 어떤 식으로 살아야 할까? 지금, 이대로는 도저히 답이
없을 것 같아.

라

· · ·

일상적인 삶은 반복적이고 따분한 경향이 있습니다. 그러나 이는 우리가 새로운 것을 찾고, 도전하고, 발견하는 기회를 놓치고 있다는 것을 의미합니다. 다음과 같은 방법으로 삶을 재미있고 흥미롭게 만들 수 있습니다:

1. 새로운 것 도전하기: 새로운 것을 시도해보세요. 취미나 스포츠, 책 읽기, 봉사활동 등 새로운 활동을 찾아보세요. 이를 통해 자신의 취향을 발견하고, 새로운 경험을 쌓을 수 있습니다.

2. 목표 설정하기: 목표를 설정하고 이를 위해 노력하세요. 목표를 이루기 위해 노력하면서 성취감을 느끼고, 더욱 높은 목표를 세울 수 있습니다.

3. 새로운 것 배우기: 새로운 기술이나 지식을 습득해보세요. 이를 통해 자신의 능력을 향상시키고, 더욱 전문적인 분야에서 일할 수 있습니다.

4. 자기계발: 독서나 강의를 통해 자기계발을 해보세요. 자신을 발전시키는 것은 일상적인 삶에서도 적용할 수 있는 지식과 능력을 습득할 수 있습니다.

5. 새로운 사람들 만나기: 새로운 사람들을 만나보세요. 이를 통해 다양한 경험과 지식을 습득할 수 있습니다. 또한, 새로운 사람들과의 교류는 자신의 인간관계를 넓힐 수 있는 좋은 기회가 될 수 있습니다.

이러한 방법으로 일상적인 삶에서도 새로운 것을 찾고, 발견하며, 도전하는 자세를 갖추어 보세요. 이를 통해 기계적이고 반복적인 삶에서 벗어나 더욱 흥미로운 삶을 살아갈 수 있습니다.

시아

· · ·

하루하루가 같은 삶이어서 따분하고 재미가 없다는 말씀이시는군요. 그렇게 말할 수 있어서 놀랍습니다. 그것은 겉으로 보기에 그렇지만, 속내는 전혀 다릅니다. 생각해보시겠어요? 우리는 매 순간, 새로운 시간을 부여받습니다. 우리에게 시간을 주는 존재로부터 말이지요. 시간은 무한정 끌어다 갖다 쓰는 것이 아니라, 저마다 이 땅에서 보낼 수 있는 시간이 제한되어 있지요. 마지막 때를 알 수 없으니, 인간은 참으로 무지할 수밖에 없습니다. 어쨌든 주어진 시간 만큼 살아가고 있지만, 매 순간은 새로운 선물처럼 주어지고 있습니다. 일부러 떼를 쓴다고 타인과 달리 시간을 많이 받거나 작게 받을 수도 없지요. 공평하게 주어진 새로운 선물이 바로 시간입니다.

그런데 따분하고 고리타분하게 느끼는 것은 새로움을 새롭게 느끼지 못하는 삶에 대한 자신의 태도 때문입니다. 그렇게 느낄 수밖에 없는 지루하고 단조로운 생활이 있겠지요. 당신한테 감히, 제안해 보려고 합니다. 당신은 이 제안을 거부할 수도 있지만, 그래도 한번 행하면 시간이 새롭다는 느낌을 확연하게 가질 수 있을 겁니다.

주어진 시간의 가장 마지막 때로 가 보시기 바랍니다. 상상해서 말입니다. 언제, 몇 살 때인가요? 나는 어떤 이유로 이 세상을 떠나려고 하고 있나요? 마지막 숨을 거두기 직전에 내가 가진 감정은 어떤가요?

이 물음을 순서대로 종이 위에 적어보시기를 바랍니다. 그런 다음, 임종 직전의 내가 지금, 현재, 이 순간의 나에게 보내는 메시지를 적어보세요. 단, 마지막 눈을 감기 전에 꼭 해야 할 일에 대해 당부하는 말을 하되, 오늘 당장부터 할 수 있는 방법을 꼭 넣어서 적어보세요. 다 적은 다음에는 소리 내어 읽되, 지금의 내가 아니라 임종의 순간에 이른 자신이 되어 소리 내어 읽어보시면 됩니다.

이렇게 행한 다음, 느낀 점을 적어보고 이를 소리 내어 읽어보시기를 바랍니다.

당신이 이렇게 제안한 방법을 그대로 따라오셨다면, 아마도 이 질문에 제가 답을 드렸을 때와 지금, 제가 말씀드린 대로 행하고 나서가 다를 것입니다. 이렇게 하고 나서 당신은 삶의 마지막 순간인 미래의 내가 해야 할 일을 당부한 그 일에 대해 골똘하게 생각할 기회를 가질 수 있을 것입니다.

"그래, 꼭 그 일을 해야 한단 말이지. 자, 그럼, 어떻게 할까? 오늘 당장부터 시작하라고 했지! 그래, 해보자!"

이렇게 결론이 났다면, 당신은 제대로 해내신 겁니다. 만약, 도저히 그 생각이 나지 않아서 마지막 순간의 내가 미처 그 말을 빼먹고 하지 못했다면, 조금 있다가 다시, 또다시 시도해보시기를 바랍니다. 마음을 미래로 보내어 미래의 나를 만나는 것은 참으로 중요합니다. 지금, 이 순간, 현재를 살아나갈 힘을 얻을 수 있기 때문입니다.

26.

화를 다스리는
비결이 궁금해

그림자

· · ·

원해서 그런 건 아니지만 말이지. 때때로 걷잡을 수 없이 화가 올라올 때가 있어. 어떨 때가 그런가 해서 가만히 생각해봤더니 주로 내 뜻이 무시당할 때, 받아들여지지 않을 때, 상대방으로부터 존중받지 못할 때 그런 것 같아. 분명, 상대방의 무례한 태도와 언행 때문인데 화가 나니, 나는 이중으로 고충을 겪는 것만 같아. 일단, 그 상황을 당해서 그렇고 두 번째는 화를 내고 있으니 나한테 득이 될 것이 없을뿐더러 상처를 받게 되니 그 후유증도 심각한 것 같아. 화를 어떻게 다스리면 좋을까? 화를 안 낼 수는 없겠지만 잘 추스를 수만 있어도 좋겠어.

라

. . .

화를 다스리는 것은 어려운 일일 수 있지만, 몇 가지 방법을 시도해 볼 수 있습니다:

1. 호흡과 명상: 화가 날 때 깊게 호흡하고, 명상을 시도해 보세요. 이를 통해 정서적인 안정과 내면의 평화를 찾을 수 있습니다.

2. 시간을 내어 진정시키기: 화를 느낀 후에는 급하게 반응하지 말고, 조금의 시간을 내어 진정하려고 노력해보세요. 화가 식어갈 때까지 기다린 후에 상황을 다루는 것이 더 효과적일 수 있습니다.

3. 긍정적인 자기 대화: 화가 날 때 자기에게 긍정적인 말을 해보세요. 자신을 위로하고, 상황을 조금 더 이해하려는 시도를 하면 마음이 진정될 수 있습니다.

4. 운동이나 활동: 체육관에서 운동하거나 야외에서 활동을 하면 화를 해소하는 데 도움이 될 수 있습니다. 신체 활동을 통해 음성 에너지를 발산하고 긍정적인 기분을 불러일으킬 수 있습니다.

5. 대화와 표현: 화를 낼 때는 상대방과 대화하거나 감정

을 표현해보세요. 상황을 담담하게 이해하고 서로의 관점을 이해하려는 노력을 통해 갈등을 해소할 수 있습니다.

6. 휴식과 스트레스 관리: 화를 다스리기 위해서는 휴식과 스트레스 관리가 중요합니다. 충분한 휴식과 스트레스 해소 방법을 찾아보고 실천해보세요.

화를 완전히 없애는 것은 어려울 수 있지만, 이러한 방법들을 시도해보면 화를 조절하고 잘 추스릴 수 있을 것입니다. 이는 자기 개발과 감정 관리에 도움이 되는 일반적인 방법들입니다.

시아

· · ·

상대방의 무례한 언행으로 화가 나지 않는 사람이 있을까요? 누구나 그런 일을 당하면, 기분이 좋지 않고 불쾌합니다. 당연하고 자연스러운 감정이지요. 게다가 그런 무례한 일이 기분을 상하게 한다는 사실을 인식하면, 나부터도 누군가에게 그런 일을 삼가야 하겠지만, 그렇게 마음먹은 대로 잘되지 않습니다. 아주 어릴 때부터 그런 태도를 당해왔다

면 나도 모르는 사이에 이미 습관처럼 굳어서 나도 누군가
에게 그렇게 하게 되지요. 그렇게 해도 내가 결례를 한 것인
지 모를 수도 있습니다. 그만큼 오랫동안 형성된 습성이 무
서운 거지요. 당신은 존중받지 못한 상대의 언행으로 기분
이 상했던 적이 있었군요. 배려와 존중은 오랜 세월을 거쳐
서 자연스럽게 형성되어 인격으로 자리 잡게 되지요. 과거와
달리 지금은 소통과 교류가 점점 없어지는 세상이어서 이런
고귀한 품성이 형성되기가 힘듭니다. 아마도 점점 그럴 것으
로 여겨집니다. 그래서 타인을 존중하지 않고, 자신만 챙기
는 이기적이고 개인적인 성향을 가진 이들이 점점 늘어날 것
같습니다.

  아마도 당신은 이러한 세태를 짐작하신 듯하군요. 그래
서 오히려 그런 이들을 탓하는 일을 멈추고, 대신 화를 다스
리는 방법에 대해 궁금해하시는군요. 네, 현명한 선택입니
다. 컴퓨터, 모바일, 인공지능과 친숙하게 지내면서 너무나
편리한 세상을 경험하고 있지만, 배려와 존중을 훈련 시킬
기회는 점점 상실해가는 것이 현시대를 살아가는 이들의 공
통된 특성입니다. 이제, 인간성을 일부러 회복시키는 프로그
램과 실전에 임하는 장기 프로젝트에 참여해야 겨우 이런 고

귀한 품성들이 제대로 안착할 것 같습니다.

화가 치밀 때, 복식호흡이 가장 효과가 있습니다. 천천히 숨을 들이마시고 내쉬어 보는 겁니다. 입으로 숨을 내쉬는 소리가 약간 날 정도로 충분히 길게 내쉬면, 충분히 들이마실 수도 있습니다. 코로 들이마시면서 배가 살짝 부풀어 오르는 느낌을 느껴보시기를 바랍니다. 마치 고무풍선처럼 배가 불룩해졌다가 내쉬는 순간, 배가 홀쭉하게 꺼집니다. 호흡에만 오롯이 집중하면서 반복해보면 좋습니다. 화가 치밀어오르는 그 순간, 바로 행하기는 쉽지 않습니다만 애써서 해보시기를 바랍니다. 너무나 화가 나면, 눈에 보이거나 들리지도 않고, 뭔가를 행할 기운도 없이 오로지 화에 초점이 맞춰지게 되지요. 바로 하지 못하더라도 1, 2, 3초 정도가 지난 다음에라도 복식호흡을 해보시기를 바랍니다. 화가 난 그 현장에서 해도 되지만, 열 번 정도 복식호흡을 하면서 화나 난 현장을 약간 벗어나서 해보시면 더욱 좋습니다. 화는 3분 정도가 지나면 정점을 찍다가 내려갑니다. 그래서 극심한 화가 스르르 녹여지는 것을 경험할 수 있습니다. 갑자기 복식호흡이 잘되지 않으면, 아주 짧게 끊어서 두 번 들이마시고 길게 한번 내쉬는 방법도 좋습니다. 되도록, 열 번 이상 해보시기를 권합니다. 그렇게 하면 '화'라는 폭풍우가 지나가기 딱 좋은 시간이니까요. 그런 다음, '감사'를 떠올려보시기를 바랍니다. 만약, 당신이 마음의 창문을 닦기로 하고 행했다면, 그 깨끗하고 정갈한 창문으로 마음의 풍광을 아름답게 보기로 선택했다면, 평소에도 '감사'를 주로 떠올렸을 것 같습니다. 이 감사 또한, 선택하고 결정한 것이어서 그 어떠한 순간조차 '감사'할 수 있습니다. 그 어떤 경우라도 해낼 수 있는 '용서'처럼 말이지요. 부정의 상황에서 '감사'할 수 있는 멋진 테스트가 지금 주어진 것이지요. 전혀 감사할 상황이 아닌데도 감사를 하게 된다면, 당신은 놀랍도록 멋진 내면의 성장을 이루고 있는 겁니다.

이치에 맞지 않고, 말도 되지 않는 이 방법이 바로 '화'를 다스리는 방법입니다. 화는 불이지만, 불이 물을 만나면 다스려지기 마련입니다. 감사와 용서가 바로 물입니다. 단지 머리로만 이해하고 끄덕이면서 넘어가지 마시기 바랍니다. 화를 내는 것은 순간적인 반응이지만, 화를 다스리는 것은 당신 안에 있는 너무나 고결한 영혼의 역할입니다. 그러니, 그 빛나는 영혼이 담당할 수 있도록 하기 위해서는 감사가 제격입니다.

27.

차갑고 이기적인
사람들이 너무 많아

그림자

. . .

서로 이해하고 공감하고 염려해주며 따뜻하게 감싸주고, 너그럽게 용서해주고 관용을 베풀고 서로 도와주려고 하고, 시기와 질투를 하지 않고 상대방이 잘되기만을 바라며 좋은 일에는 진심으로 축하해주고 안 좋은 일을 당할 때는 헤쳐나오도록 다 함께 애써주는 것을 꿈꾸지는 않아. 그런 세상은 천국에만 존재할 뿐, 지금 여기 이 땅 위에서는 완벽하게 그럴 수가 없다는 것도 알아. 가족끼리도 이러지 못하는데 하물며 남들한테 이런 것을 바랄 수도 없지. 그렇지만 최소한 예의는 지키고 살면 좋겠는데 세상이 어떻게 되어가는 것인지 모를 정도야. 점점 엽기적일 만큼 흉악한 범죄가 진화를 거듭해가며 일어나고, 누구도 믿지 못하는 세상이 되고 말았어. 사람들은 점점 자기의 이익을 생각하고, 그러지 못하면 가차 없이 내버리거나 차단하곤 하지. 점점 냉혹하게 자기중심적으로만 사는 사회가 되어 버리는 것 같아. "딱히 누군가에게 피해를 주지 않을 테니, 나한테 관심을 꺼! 게다가 나도 누군가에게 관심을 가지려 하지 않겠어!"라는 개인주의가 만연화된 세상이야. 나도 덩달아 그렇게 살아야 하나? 그게 답이 아니라면, 어떻게 살면 좋을까?

라

...

세상이 어려워지고 자기 중심적인 사회가 되는 것은 분명히 안 좋은 현상입니다. 하지만 우리 개개인이 그런 환경에 안주하지 않고 변화를 이끌어내는데 기여할 수 있습니다. 다음은 예를 들어보겠습니다.

1. 자신의 행동에 대한 책임감을 가지세요: 자기 중심적인 사회에서도 우리는 어떻게 행동할지 선택할 수 있습니다. 다른 사람들에게 예의를 갖추고 존중을 베풀며, 다른 사

람들을 돕고 지원해주는 것은 우리 개개인의 선택입니다.

2. 작은 것부터 시작하세요: 변화는 작은 것에서부터 시작됩니다. 주변 사람들에게 관심을 가지고 대화를 나누고, 작은 친절한 행동을 통해 사회에 긍정적인 영향을 줄 수 있습니다. 이러한 작은 행동들이 모여 큰 변화를 이끌어낼 수 있습니다.

3. 사회에 참여하세요: 자기 중심적인 사회에서 벗어나기 위해 사회에 참여하는 것이 중요합니다. 지역사회나 사회적인 이슈에 관심을 가지고 봉사활동이나 기타 참여 활동에 참여하여 사회적인 연결을 형성할 수 있습니다.

4. 올바른 가치를 전파하세요: 자기 중심적인 사회에서는 올바른 가치를 전파하는 것이 중요합니다. 예의, 존중, 배려, 공정성 등을 실천하고 이를 주변 사람들과 공유하여 긍정적인 사회적 영향을 미칠 수 있습니다.

5. 자기 개발에 투자하세요: 자기 개발을 통해 더 나은 사람이 되는 것도 사회에 긍정적인 영향을 미칠 수 있는 방법 중 하나입니다. 지식과 역량을 강화하고, 자기 자신을 이해하며 성장하는 것은 자기중심적인 사회에서 벗어나는 데 도움이 될 수 있습니다.

세상을 변화하는 것은 쉽지 않겠지만, 우리 개개인의 노력과 선택이 큰 영향을 미칠 수 있습니다. 작은 변화부터 시작하여 서로를 이해하고 공감하는 사회를 만들기 위해 함께 노력해보는 것은 좋은 방향일 것입니다.

시아

. . .

갈수록 범죄의 강도가 증가하고, 흉흉한 일이 일어난다는 것은 사실입니다. 범죄인의 나이조차 점점 내려가고 있지요. 도덕을 위배하는 일들은 결국 인간성을 상실하기 때문인데, 문명이 발달할수록 그런 일이 더욱 많이 빚어지게 됩니다. 자연 속의 존재인 인간이 자연과 더불어 보내는 시간보다 기계와 함께 보내는 시간이 늘어나기 때문이지요. 인간 대 인간끼리 하는 소통조차 기계의 힘을 빌려서 하는 추세입니다. 편리한 만큼 편안해지지 않는 세상입니다. 당신은 이런 세상에 살면서도 그 속에 매몰된 채 살기를 거부하고 있군요. 그저 세속의 흐름에 자신을 맡기지 않는 까닭에 이런 의문을 가지게 되었다고 봅니다. '세속의 흐름'이라면, 개인주의, 이기주의, 물신주의에 치우치는 것을 의미합니다. 그게 답이 아니라는 생각을 했기에 이런 의문도 일어나지요. "그렇다면, 어떻게 살아야 할까?"

혼자서 베풀고 나누고 타인을 존중하며 용서하고 사랑한다고 달라질 것이 없을지도 모릅니다. 지금 당장은 그렇지요. 그저 태평양에 한 컵의 물을 붓는 것처럼요. 아무것도 달라지지 않고, 소용이 없는 것 같지만 그렇지 않습니다. 최소한, 당신 자신은 그릇된 세태의 흐름 속에 빠지지 않았으며, 그것은 당신의 삶에 중요한 각인을 새기는 것과 같습니다. 남들이 하지 않는다고 함께하지 않는 것이 아니라, 남들이 하지 않으니, 나라도 한다는 마음으로 실천하는 것 말입니다. 참으로 다행스럽게도 당신과 같은 생각을 하는 이가 있다고 상상해보세요. 타인의 눈치나 견해에 상관없이 내면의 목소리가 시키는 대로 하는 이가 당신 말고도 있을 것 같지 않나요? 맞습니다. 지구촌 어디에선가는 그런 이가 분명히 있을 겁니다. 그렇게 해도 아무 소용이 없는 것이 아닙니다. 비록 당장은 아무런 표시도 나지 않고 변화도 일어나지 않는 것 같아도 말이에요. 당신의 마음에 이타심이 새겨지고, 그것을 통해서 스스로를 귀하게 여기는 자중자애의 마음도 일어나게 될 것입니다. 타인을 소중하게 여기는 마음과 나를 귀하게 여기는 마음은 함께 자라나게 되니까요. 누가 뭐라고 하든, 하지 않든 상관없이 내가 이타심을 발휘하게 될 때, 진정한 나, 큰 나는 바로 그것 때문에 태어난 것이라고 내게 속삭일 것입니다. "잘하고 있어! 나를 응원해!"라는 메시지를 받게 될 겁니다.

그러니, 용기가 필요합니다. 남의 눈치를 보고 남이 하는 대로 따라가지 않을 용기, 양심이 속삭이는 대로 행동하려는 용기, 남이 손가락질해도 아랑곳하지 않을 용기, 오히려 이기지 않음으로써 승리하겠다는 용기, 누군가로부터 인정받으려는 것이 아니라 내 내면의 목소리가 시키는 대로 하겠다는 용기, 누군가에게 손을 내밀었지만, 그가 거절하는 것을 보고도 상처를 받지 않을 용기, 남을 따라 하다가 내 마음을 놓치게 되는 일을 단호하게 하지 않겠다는 용기, 내가 나를 칭찬하고 격려해줄 줄 아는 용기!

그 용기의 힘으로 한 발자국 앞으로 나가다 보면, 나처럼 세태의 흐름에 떠내려가지 않고 뿌리가 깊고 튼튼한 이를 만날 수도 있을 겁니다. 그렇게 살아오다 보면, 생의 마지막에 이르러 환하게 웃으며 이 땅의 나와 작별할 수도 있겠지요.

28.

탁월한 재능이 없는데도
주목받고 싶어

그림자

• • •

'관종'이라는 신조어가 있어. 관심을 받고 싶어 하는 욕구
가 지나치게 높은 병적인 상태를 뜻하지. '관심종자'라는 말
을 줄여서 일컫는 것이지. 나는 관종은 아니지만, 이대로 내
삶이 끝날까, 이렇게 틀어박혀서, 알아주는 이가 아무도 없
는 모습으로, 그저 조용히 찌그러진 채 내 인생이 끝날까, 삶
의 마지막 순간까지 나는 이름도 없고 관심도 받지 못하고
살아가게 될까, 그런 생각을 하면 우울해지고 슬퍼지는 느낌
이야. 그렇다고 만인을 후려잡을 특별한 재능이 있는 것도

아냐. 그러니 어쩔 수 없게 구석에 처박힌 채 살라고 한다
면, 뭐 할 말은 없지만 말이야. 특별한 것이 없는데도 주목받
고 싶은 마음을 어떻게 해야 할까?

라

. . .

그런 마음은 이해할 수 있어요. 우리는 때로는 특별함을
느끼고 주목받고 싶어하는 욕구를 가지기도 합니다. 하지
만 자신에게 특별한 재능이나 능력이 없다고 생각한다면,
그렇게 자신을 평가하는 것은 조금 부정적인 시선일 수 있
어요.

우선, 우리는 모두가 특별하고 독특한 존재입니다. 각자
의 경험, 성향, 관심사 등이 우리를 특별하게 만들어줍니
다. 그래서 가장 먼저 할 수 있는 것은 자신을 인정하고 사
랑하는 것이에요. 자신을 소중히 여기고 자신에게 관심을
기울이는 것은 중요한 시작입니다.

또한, 특별한 것이 없다고 생각한다면, 새로운 것을 배우
고 자신의 관심사를 발견해보는 것도 좋은 방법이에요.
예를 들어, 새로운 취미나 활동을 시작하거나, 독서, 예술,

운동 등 다양한 분야에 도전해보는 것은 자신을 발전시키고 주목받을 기회를 만들어줄 수 있어요.

또한, 다른 사람들과 소통하고 연결되는 것도 중요합니다. 사회적인 모임이나 그룹에 참여하거나, 관심사를 공유할 수 있는 온라인 커뮤니티에 참여하는 것은 주목받을 기회를 얻을 수 있는 좋은 방법입니다. 다른 사람들과의 소통과 교류를 통해 자신을 발전시키고 인간관계를 형성할 수 있어요.

마지막으로, 주목받고 싶다는 욕구를 가질 때는 자신을 위한 목표를 설정하고 그것을 달성하는 노력을 기울이는 것도 좋은 방법입니다. 작은 성취를 이뤄내고 자신의 역량을 키워나가는 과정에서 주목받을 수 있는 기회가 많이 생길 수 있어요.

특별한 것이 없다고 생각하는 일은 없어요. 자신을 인정하고 사랑하며, 새로운 것을 배우고 발전시키며, 다른 사람들과 소통하고 연결되며, 목표를 향해 노력하는 것은 주목받을 수 있는 좋은 방법입니다. 중요한 건 자신을 소중히 여기고, 자신에게 관심을 기울이는 것이에요.

시아

• • •

주목과 관심을 받고 싶어 하는 당신의 마음을 솔직하게 밝혀주셨군요. 인간은 누구나 그런 마음이 있지만, 드러내놓고 그 마음을 밝히려고 하지 않지요. 오히려 그렇지 않다고 부인하기가 쉽지요. 그렇게 사실이 아닌 것처럼 해놓고는 실제로는 더욱 강한 관종에 대한 욕망에 사로잡혀 자신도 모르게 엉뚱한 일을 저지르곤 합니다. 어떤 이유 때문에 주목과 관심을 받고 싶은지부터 알아볼까요?

대개는 사랑에 대한 갈구 때문입니다. 제대로 사랑을 받지 못한 까닭에 허기져 있기 일쑤입니다. 주목과 관심을 받게 되면, 타인의 에너지가 자신에게 집중되고 그것을 사랑이라고 여기게 됩니다. 상황이야 어떻든 말이지요. 긍정이건 부정이건 간에 절실하게 에너지가 집중되는 것을 원해서 그렇습니다. 스스로 판단했을 때, 과거에도 현재에도 역시 사랑받지 못했다는 생각이 사무치도록 들 겁니다. 그래서 에너지는 고갈되어 있고, 살아갈 의미를 상실했다고 여길 겁니다. 그나마 '관종'이라는 희망사항을 띄워놓고 그렇게 관종 역할을 함으로써 욕구 충족을 해나가려는 마음이 작동하게 된 것이지요. 대부분 내면의 에너지가 고갈된 까닭에 긍정적인 모습으로 타인의 시선을 끌게 되지 않습니다. 기괴하고 추악하며 상식에 어긋난 언행으로 관종 역할을 하게 되지요. 그렇지만 시선이 자신에게 집중되는 것에 쾌감을 느끼게 되어, 계속해서 그런 의도로 그런 투의 언행을 반복하게 됩니다.

자신에게 특별한 재능이 없다고 하셨는데, 그것은 아직 당신의 재능을 발견하지 못해서 하는 말인 것 같습니다. 누구나 독특한 자신만의 개성이 존재하며, 아직 알아차리지 못했다면, 잠재력 안에 웅크리고 있습니다. 잠재력 안에 있는 당신만의 재능을 깨워서 날아오르게 하는 것이 당신이 인생을 사는 동안 맡은 일이고, 반드시 해야만 하는 일입니다. 당신은 무엇을 할 때 가장 기쁘고 즐거우신가요? 무엇을 할 때 삶의 보람을 느끼고, 살아있음을 깨닫게 되나요? 죽을 때까지 할 수 있는 그 한 가지 일은 무엇인가요?

이 질문에 대한 답이 하나로 귀결되었다면, 이제 당신은 관종이 되었습니다. 관종 대상자와 관종하는 인물 모두 당신입니다. 당신이 스스로 당신을 바라볼 힘이 바로 삶을 슬기롭게 살아가는 위대한 힘입니다. 세상 사람들이 그것을 알든 모르든 상관없었습니다. 당신 안에 사랑의 에너지가 있으며, 그 에너지는 결코 꺼지거나 줄어들거나 없어지지 않고 우주의 에너지와 접속하고 있습니다. 이 사실을 실제로 받아들이는 것은 너무나 쉽지만, 쉬운 만큼 어렵습니다. 이 모순된 이치를 말하는 까닭은 인간은 자신의 내면을 상상하지도, 내면에 사랑이 있다고 인정하지도 않기 때문입니다. 훌륭하고 지적으로 뛰어나더라도 내면에 존재하는 사랑의 에너지를 알아차릴 수 없습니다. 다만 상상하고, 다만 느끼면 됩니다. 사랑은 내면에서 환하게 빛나는 에너지로 빛을 발하고 있습니다. 우리가 잘 느끼지 못하는 것은 그 사랑의 에너지를 여러 부정적인 이유로 가리기 때문입니다.

사랑을 잘 받지 못해서 사랑이 없는 것이 아니라, 사랑을 느끼지 못해서 사랑이 없다고 착각할 뿐입니다. 그런 경험이나 시도를 해보지 않아서 어색하고 어렵게 느껴질 수 있겠지만, 한번 상상해보세요. 당신의 마음, 정중앙에 너무나 아름답고 빛나는 빛이 존재한다는 사실을요. 그 빛은 외따로 존재하는 것이 아니라 우주의 에너지, 신과 합일을 이루고 있습니다. 자기 자신을 사랑하지 않는다고요? 어떻게 사랑하지 않을 수 있겠습니까? 당신은 빛이고, 우주의 에너지가 혹은 신이 그 빛 속에 깃들어 있는데요! 당신은 그저 느끼면 됩니다. 그게 어렵다면, 마음의 빛을 상상하면서 이렇게 되뇌어보시기를 바랍니다. "나를 사랑합니다." 이렇게 세 번을 거푸 말해보시기를 바랍니다. 나를 사랑합니다. 나를 사랑합니다. 닭살이 돋을 만큼 이상하더라도 말이에요. 사랑의 에너지는 다만 느끼고 경험하는 대로 흐르기 마련입니다. 이제, 관종에 대한 욕망은 어디론지 사라지고 없는 자신을 발견하게 될 겁니다. 실은, 우주의 에너지, 혹은 신이 끊임없이 당신을 관종하고 있었으니 이미 당신은 어느 누구한테도 비교할 수 없는, 유일한 존재입니다.

29.

진정한 사랑 따위는
믿지 않아

그림자

. . .

실은, 사랑이 뭔지 아직도 잘 모르겠어. 게다가 진정한
사랑이라는 게 정말 있는 것인지도 모르겠어. 그러다 보니,
진정한 사랑 따위를 믿지 않게 되고 말았어. 사이좋은 연인
이나 부부를 봐도 저러다 어느 순간 자신의 말을 들어주지
않는다고 상대방을 원망하고 싸우겠지, 그러다가 헤어지거
나 함께 지내더라도 헤어질 용기를 못 내어서 그렇겠지, 그

런 생각만 들거든. 숭고하고 아름다운, 진정한 사랑은 사실
없을 거로 생각해. 그저, 동화를 좋아하는 이들이 지어낸 거
짓 이야기일 뿐. 실제로는 서로 희생하고 배려한다고 해도
알고 보면, 자신의 성격과 성향을 드러낸 것일 뿐, 그걸 사랑
이라고 할 수 있을까 하는 의문이 들어. 이런 내 마음이 이
상한 걸까? 혹시 이상하다면, 어디가 어떻게 이상한 걸까?

라

. . .

사랑에 대한 이해는 사람마다 다를 수 있습니다. 각자의
경험과 생각에 따라 사랑의 의미와 형태를 다르게 해석할
수 있습니다. 따라서, 사랑에 대한 의심과 의문을 가지는
것은 당연한 일이에요.

진정한 사랑의 존재에 대한 의문을 가지는 것은 자연스러
운 일입니다. 사랑은 매우 개인적이고 복잡한 감정이기 때
문에, 이해하기 어려운 부분이 있을 수 있습니다. 또한, 현
실에서 사랑은 완벽하지 않을 수 있습니다. 부부나 연인
사이에서도 갈등과 어려움이 발생할 수 있고, 서로를 이해
하지 못하거나 상처를 주고받을 수도 있습니다.

하지만, 이러한 어려움과 의문 속에서도 진정한 사랑이 존재할 수 있습니다. 사랑은 서로를 위해 희생하고 배려하는 것뿐만 아니라, 서로를 받아들이고 지지해주는 것을 포함합니다. 사랑은 상황에 따라 다양한 모습을 보일 수 있지만, 진정한 사랑은 서로의 성장과 행복을 위해 노력하며, 서로를 이해하고 지지하는 것을 기반으로 합니다.

당신이 사랑에 대해 의문을 가지는 것은 이상한 일이 아닙니다. 자신의 생각과 감정을 솔직하게 받아들이고, 사랑에 대한 이해를 깊이 탐구해보는 것이 도움이 될 수 있습니다. 또한, 주변에 실제로 사랑을 실천하고 행복한 관계를 가진 사람들과 이야기를 나누는 것도 도움이 될 수 있습니다.

시아

· · ·

사랑에 속고 속이는 이들이 많은 세상입니다. 그러다 보니, 사랑을 믿지 않게 되고, 사랑조차도 거짓이라고 여기게 되는 것 같습니다. 사랑이라고 생각했지만, 알고 보면 결정적인 순간에 배신당하게 되고 상처를 받게 되지요, 사랑인 줄

착각하면서 살다가 어느 순간, 사랑이 아니라는 것을 깨닫기
도 합니다. 그러다 보면, 도대체 무엇이 사랑인지, 내가 가졌
던 감정은 사랑이 아니었는지 헷갈리기도 하지요. 대개는 사
랑은 열정이나 설렘, 황홀함이나 두근거림이라고 여기기도
합니다. 그런 감정의 흐름이 사라지면, 사랑도 소멸하는 것
이라고 이해하기도 하지요. 그러니, 사랑은 아주 짧은 봄날
의 한때인 것 같기도 합니다. 그런데 사실은, 이 모두는 사랑
의 기운을 말하는 것이고 외부에서 일어나는 기운은 한계가
분명합니다. 어떤 상황이 맞아떨어졌을 때 기운을 체험할 수
있지만, 그 상황이 소멸하면, 기운도 없어지기 때문이지요.
하지만 내면에서 일어나는 기운, 에너지는 다릅니다. 상황이
어떻든 내면은 역동적으로 작용하지요. 그래서 외부에서 상
황과 만나서 일어나는 기운은 생성과 소멸이 있겠지만, 내면
에서 일어나는 에너지는 상황과 상관없이 왕성할 수 있습니
다. 내면에서 사랑의 에너지를 충분히 느낀다면, 사랑하는
대상이 현재 존재하거나 이 땅을 벗어났거나 간에 에너지는
계속 존재하게 됩니다. 사랑하는 대상과 더 이상 보지 못하
더라도 에너지는 여전합니다. 내면에서 생성되는 사랑의 에
너지가 이익이나 계산을 따지지 않고 순수할수록 더 빛나게

됩니다. 그것은 나 자신과 상대방의 영혼을 고양시킵니다. 그것을 '영혼의 부추김'이라고 말할 수 있습니다.

　내면에서 일어나는 사랑의 에너지가 없다면, 그것은 사랑이라고 할 수 없습니다. 내면에 존재하는 사랑의 에너지는 어느 순간 불붙듯이 와락 타오르다가 꺼지는 것이 아닙니다. 꾸준하게 오랫동안 내가 가진 고결한 영혼 속에서 빛나게 하는 역할을 합니다. 그 사랑은 하나를 주면, 하나를 받아야 하는 계산적인 관계를 떠날 때 이뤄질 수 있습니다. 관계를 통해 어떤 이익이 올지 이성적이고 합리적으로 판단하는 관계도 하지 않을 때 이뤄집니다. 진정한 사랑은 마음의 핵심, 영혼의 빛과 함께 만나서 상대방과 나도 빛나게 되는 것을 의미합니다.

　현대인의 대부분은 마음의 핵심을 향해 내면으로 들어가기를 꺼립니다. 좋고 싫음이 분명하고, 가치판단과 합리적이고 이성적인 계산이 정확한 자아^{ego} 상태에 머무르는 것을 원합니다. 그래서 진정한 사랑의 근처에 잘 가지 못하고 빛바랜 사랑의 흔적만 가지고 살아가기도 합니다. 간혹 진정한 사랑을 위해 내면 안으로 접근한 이들이 있어서 사랑을 통해 영혼을 성장시키는 절묘한 기회를 얻기도 합니다. 미국의 철학자이며 작가인 로버트 C. 솔로몬[Robert C. Solomon]은 "사랑은 필연적으로 상호적이면서 결국은 다시 전체가 되려는 욕망을 가진 채 다른 사람이 아니라 우리 자신을 찾는 과정이며, 궁극적으로 사랑은 서로에게서 최상의 것을 끌어내는 것이다."라고 했습니다. 결국, 사랑은 상대방으로 인해 '마음의 빛'을 더욱 자주, 더 많이 알아차리게 되어 내면의 사랑의 에너지를 체험하는 것을 일컫습니다.

진정한 사랑은 영혼의 성장을 부추기는 것입니다. 당신이 아직도 사랑을 잘 믿지 못하겠다면, 과거의 상처 때문에 마음의 문을 닫아걸고 있기 때문일 수도 있습니다. 삶의 성공은 돈, 명예, 권력이 아니라 '사랑'의 여부입니다. 진정 사랑했다면, 사랑을 받고 나눴다면 삶은 아름답고 빛날 수밖에 없습니다. 지금은 다른 사랑, 타인의 사랑에 신경을 쓸 시간이 없습니다. 얼마 되지 않는 짧은 인생입니다. 나 자신의 사랑에 대해서만 집중해보시면 좋습니다. 이 사랑이 연인끼리의 사랑을 말할 수 있지만, 굳이 그런 사랑만 의미하는 것은 아닙니다. 인간이 할 수 있는 모든 사랑을 포함해서 말씀드렸습니다.

30.

따끔하게 혼내고 싶은
이들이 많아

그림자

• • •

스무 살이 넘어 어른의 나이에 이르렀지만, 너무나 철이 없고 인생을 함부로 사는 이들을 보면, 따끔하게 혼내주고 싶어. 물론, 그것은 마음뿐, 실제로 그렇게 하지는 않았지만 말이야. 제대로 혼내줄 방법을 몰라서라도 실제로 하지는 못하겠지만 말이지. 그리고 혼낸다고 하더라도 그들이 훈계를 듣고 교훈대로 잘 따르면서 자신의 언행을 고칠 리가 만무하지. 그러니, 이 세상에 제대로 된 어른도 학생도 없는 것 같아. 다들 혼내고 싶어도 혹시 해코지당할까 몸을 사리는 것 같아. 따끔하게 혼내고 싶은 이들이 많은 이 감정을 어떻게 하면 좋을까?

라

. . .

혼내고 싶은 감정을 느끼는 것은 자연스러운 일이지만, 상
황에 따라 그 감정을 표현하는 방법을 신중하게 선택하는
것이 중요합니다. 다른 사람들에게 혼내는 대신, 다음과
같은 방법을 고려해 볼 수 있습니다.

1. 이해와 공감: 혼내고 싶은 사람들의 행동에 대해 이해
하려고 노력해보세요. 그들이 어떤 이유로 그런 행동을 하
는지 생각해보고, 그들의 입장에서 상황을 이해하려고 노
력해보세요. 이를 통해 그들과 더 나은 대화를 나눌 수 있
을지도 모릅니다.

2. 소통과 대화: 혼내고 싶은 사람들에게 직접적으로 이야
기를 나누는 것을 고려해보세요. 상황을 이해하고 더 나
은 방향으로 나아갈 수 있는 대화를 시도해보는 것이 좋
습니다. 상대방의 의견을 존중하고, 서로의 감정을 솔직하
게 전달하는 것이 중요합니다.

3. 영감을 주는 모델이 되기: 혼내고 싶은 사람들에게 좋
은 모델이 되어 보여줄 수 있는 기회를 찾아보세요. 자신

의 행동으로서 영감을 주고, 긍정적인 변화를 이끌어 낼 수 있습니다. 예를 들어, 자신이 원하는 가치와 행동을 실천하고, 주변 사람들에게 영향을 미칠 수 있는 행동을 보여줄 수 있습니다.

4. 자기 성장에 집중하기: 다른 사람들을 혼내고 변화시키려는 대신, 자신의 성장과 발전에 집중해보세요. 자신이 원하는 가치와 행동을 실천하며, 성숙해짐으로써 주변 사람들에게 영향을 미칠 수 있습니다.

혼내고 싶은 감정을 가질 수 있다는 것은 자연스러운 일이지만, 그 감정을 표현하는 방법을 신중하게 선택하는 것이 중요합니다. 다른 사람들을 변화시키는 것보다는, 자신의 행동과 태도를 통해 긍정적인 변화를 이끌어내는 것에 집중해 보세요.

시아

...

누군가를 혼내고 싶은데 뜻대로 할 수 없는 현실에 대한 괴리감을 가지고 계시는군요. 혼내고 싶다는 생각은 나는

바른 가치관을 가지고 있고, 상대방은 그릇되고 나쁘다는
인식 때문에 일어난다고 여겨집니다. 내가 옳으니, 내 말대
로 해야 한다는 식이지요. 그럴 수도 있습니다만, 세상은 획
일적이고 이분법적으로 분리할 수가 없습니다. 내가 옳고 당
신은 틀렸어, 그러니 내 말을 들어! 이런 식이 아니라는 것이
지요. 당신의 생각은 맞을 수도 있지만, 상대방의 입장에서
는 틀릴 수도 있습니다. 그것은 진실이 아니지요. 진실은 어
떤 경우라도 불변해야 하니까요. 그러니, 당신의 생각은 진실
이 아니라 그저 가치사고 체계에 의한 판단일 뿐입니다. 상
대방이 도덕적으로 혹은 법적으로 잘못된 언행을 했다면,
법과 사회가 그렇게 판단해서 처벌할 겁니다. 그렇지 않고
당장은 넘어가더라도 나중에 발각된다면, 응당한 처분을 하
게 되겠지요. 그러니, 당신이 나서야 할 일은 아닙니다.

다만, 당신이 나서야 할 위급한 순간이 있을 수도 있습니
다. 그저 지나친다면 생명이 위태로워지는 사건, 사고의 현
장에서 당신은 아무런 조치도 없이 그저 무관심하며 지나칠
수는 없습니다. 당신이 마음을 갈고 닦는 멋진 일을 계속해
오고 있다면, 당신의 양심이 그것을 보고 넘어갈 리가 없습
니다. 그럴 때, 상대방을 나무라는 식이 아니라 긴급하게 구

조하면서 생명을 살리는 일에 관여할 수밖에 없겠지요.

그것이 아니라면, 따끔하게 혼내려는 마음을 내려놓기를
권합니다. 당신이 짐작한 대로 그런다고 고쳐질 것도 아니
고, 당신의 말이 통하지도 않습니다. 특히 인간성이 상실되
어 빚어지는 안타깝고 아니꼬운 일들은 나무란다고 되는 일
이 없습니다. 그렇다고 타이른다고 되지도 않습니다. 내면에
서 획기적인 변혁이 일어나지 않으면, 인성의 회복이 잘되지
않습니다. 인간의 마음을 움직이는 것은 인간이 할 수 있는
영역이 아닙니다. 긍정적인 자극 정도는 줄 수 있겠지만, 궁
극적으로 자기 자신이 내면을 개혁해야 하는 일입니다. 어릴
때는 바른 자극의 영향을 줄 수 있는 양육자, 교육자가 그
역할을 맡았다면, 자라날수록 그 역할의 범위는 줄어들 수
밖에 없습니다. 청소년 시기부터 해서 이미 다 자란 성인의
나이라면 자신의 마음을 스스로 개척해나가려는 선한 의지
가 아니고서는 제대로 변혁이 일어나지 않습니다.

그러니, 나무라고 혼내면서 충고하는 것이 소용이 없다
는 것을 깨닫는 것이 바로 당신이 해야 할 일입니다. 대신,
마음속으로 상대방이 바른 언행을 할 수 있도록 기도하고
축복해주시기를 바랍니다. 그리고 당신한테서 상대방의 그

러한 면이 발견되지는 않는지 자신을 성찰해보시기를 바랍
니다. 앞에서 말한 대로, 위법한 상황, 특히 생명을 손상하
는 상황이 아니라면 말입니다.

31.

왜 갈수록 마음은
딱딱해지는 걸까?

그림자

• • •

아주 어렸을 때, 적어도 6살 적에는 마음 밭이 촉촉했던
것 같아. 어떤 것을 심어도 무럭무럭 잘도 자라나는 마음이
었지. 게다가 잘못 심어진 것이 있으면 그대로 쏘옥 빼버리
면, 빠진 자리가 잘도 메워졌지. 그런데 살아갈수록 마음은
딱딱하게 굳어서 단단한 느낌은 있지만, 이제는 찔러도 절대
들어가지 않게 되어버렸어. 얼마나 딱딱한지 혀를 내두를 지
경이야. 뭔가 받아들이려고도 하지 않고, 이미 있는 것을 내
버리려고도 하지 않지. 소통도 환기도 아예 하지 않는 마음
을 보자니 답답하기 그지없을 따름이란다. 살아갈수록 마

음이 딱딱해지는 것은 왜 그런 것일까? 이런 마음을 촉촉한
마음으로 변화하고 싶은데, 어떻게 하면 될까?

라

. . .

마음이 딱딱해지는 것은 삶의 경험과 상황에 따라 다양
한 이유가 있을 수 있습니다. 몇 가지 가능한 이유를 살펴
보면

1. 상처와 실패 경험: 삶에서의 상처와 실패는 마음을 딱
딱하게 만들 수 있습니다. 이전에 경험한 힘들거나 아픈
일들로부터 자신을 보호하기 위해 마음이 닫힐 수 있습니
다.

2. 사회적 압력과 기대: 사회적으로 인식되는 기대와 압력
은 마음을 딱딱하게 만들 수 있습니다. 다른 사람들의 기
대와 비교하거나, 외부 평가에 대한 두려움이 마음을 굳
힐 수 있습니다.

3. 스트레스와 부담: 일상적인 스트레스와 부담도 마음을
딱딱하게 만들 수 있습니다. 긴장된 상황이나 지속적인

압박은 마음의 유연성을 상실시킬 수 있습니다.

마음을 촉촉하게 유지하고 변화시키기 위해 몇 가지 방법을 고려해 볼 수 있습니다.

1. 자기 이해와 자기 돌봄: 자신의 감정과 상태에 대해 이해하고 돌봐주는 것이 중요합니다. 마음이 딱딱해진 이유를 자세히 살펴보고, 자신을 위한 시간과 관심을 가지는 것이 도움이 될 수 있습니다.

2. 감사와 긍정적인 태도: 감사의 마음을 가지고 긍정적인 것들에 집중하는 것은 마음을 촉촉하게 만들 수 있습니다. 일상 속에서 작은 기쁨과 성취를 발견하고, 자신을 칭찬하며 긍정적인 태도를 유지하는 것이 중요합니다.

3. 자기 도전과 자기 성장: 새로운 도전과 성장은 마음을 촉촉하게 만들 수 있는 기회가 될 수 있습니다. 자신에게 도전하고 새로운 경험을 추구함으로써, 마음을 더욱 유연하게 만들 수 있습니다.

4. 소통과 연결: 다른 사람들과 소통하고 연결하는 것도 마음을 촉촉하게 만들 수 있는 방법입니다. 가족, 친구, 또

는 심리상담사와 대화를 나누며 자신의 감정을 표현하고
이해받을 수 있는 공간을 마련하는 것이 도움이 될 수 있
습니다.

마음이 딱딱해지는 이유는 다양하며, 변화를 위해서는
시간과 노력이 필요합니다. 자신을 이해하고 돌보며, 긍정
적인 태도와 연결을 유지하며, 자기 도전과 성장을 추구
하는 것을 지속적으로 시도해보세요.

시아

• • •

말랑해지고 축촉한 마음, 그리고 나이가 들수록 딱딱해
지는 마음은 누구나 가지고 있는 현상입니다. 적어도 학교
에 들어가기 전까지의 나이인 여섯 살까지 선천적으로 우뇌
가 발달해 있지요. 우뇌는 창의력, 상상력의 보고입니다. 학
교에 들어가면서 질서와 수리, 언어를 배우고 점점 좌뇌 중
심으로 살아가게 되지요. 좌뇌를 우선시 하므로 좌뇌 중심
적인 삶을 살아갈 수밖에 없는데, 그게 바로 논리적이고 합
리적, 이성적인 삶, 딱딱해진 삶을 일컫습니다. 그러니, 사회

생활을 온전하게 하도록 학교에서 배우게 되는데, 반면에 선천적으로 주어졌던 직관력, 상상력과 창의력들은 파묻히게 됩니다. 누구나 감성과 감수성이 뛰어났던 어린 시절이 있습니다. 그 시절에 가졌던 촉촉한 마음은 사실, 사라진 게 아닙니다. 말 그대로 '파묻히게 된' 것이지요. 그러니, 없는 것을 억지로 만들어내는 것이 아니라 묻혀있는 것을 파서 끌어올리는 작업이 필요합니다. 감성과 감수성을 증진하고 발휘하는 것은 신나고 설레고 재미있는 삶을 위해 꼭 필요한 일이니까요.

감성과 감수성을 끌어올리는 여러 가지 비결이 있습니다만, 대표적인 세 가지만 알려드리려고 합니다. 당신은 이 방법을 눈으로 읽고 고개를 끄덕이며 그냥 지나칠 수도 있겠지만, 실제로 행할 수도 있겠지요. 게다가 한 번만 행할 수도 있겠지만, 자주, 여러 번, 습관적으로 할 수도 있겠지요. 이 모든 것은 당신의 선택에 따라 달려있습니다. 당신이 주인공이니까요!

첫 번째는 사물이나 자연에 말을 걸어보시기를 바랍니다. 당신이 소유하는 물건이어도 좋고 자연의 그 어떤 대상이어도 좋습니다. 책상, 의자, 펜이어도 좋고 하늘, 바다, 땅, 나무 그 어떠한 것이어도 좋습니다. 어떤 말을 해도 좋습니다. 그저 떠오르는 대로 말을 걸어보세요.

두 번째는 사물이나 자연의 말을 들어보시기를 바랍니다. 어떻게 그 말이 들리냐고 할지 모르겠지만, 그냥 그 대상을 바라보며 떠오르는 말을 그대로 따라서 생각하면 됩니다. 처음에는 어색하고 어려워 보이지만, 한번 해보면 익숙해집니다. 길고 긴 문장처럼 말할 수도 있지만, 더 흔하게는 아주 짧은 메시지를 줄 수도 있습니다. "사랑해! 잘하고 있어! 널 응원해!" 이런 메시지 말이지요.

세 번째는 내가 나한테 말을 걸어주시기를 바랍니다. 내가 나한테 하는 말은, 원하는 대로 어떤 말이든 할 수 있지만, 단, 조건이 있습니다. 마음의 중심, 영혼에 '마음의 빛'이 존재하며, 그 빛은 독특한 당신의 개성이 담긴 빛깔로 빛나고 있습니다. 그것을 고스란히 떠올려보시기를 바랍니다. 그런 다음, 그 '마음의 빛'이 나에게 뭐라고 말해주고 있는지 들어보시면 됩니다. 이왕이면 복식호흡을 하면서 눈을 감고 들어보시면 좋습니다. 그리고 자연스럽게 대화를 나눠 보시기 바랍니다. 충분히 행한 뒤에는 기록으로 남겨주시면 좋습니다. 그 글을 나중에 두고두고 읽으면서 신기해할 수도 있을 겁니다. 어쩌면 이렇게 적절하게 '마음의 빛'이 내게 빛나는 말을 했는지, 그 덕분에 내 마음이 너무나 아름답게 빛나게 되었는지 놀라울 정도의 신비로움을 가질 수 있을 겁니다.

이 방법을 그대로 행하거나 하지 않을 자유의지가 당신한테 있습니다만, 당신이 촉촉한 마음 밭을 그리워하는 마음만큼, 당신은 적극적으로 체험에 옮길 수 있을 것 같습니다. 당신의 풍성하고 아름다운 마음을 응원합니다.

32.

성공하는 삶이란
무엇일까?

그림자

· · ·

누구나 같은 마음이겠지? 성공하고 싶은 마음 말이야.
누가 보더라도 나를 부러워할 정도로 성공하고 싶어. 사실,
성공하는 인생이 최고의 인생인 것 같아. 성공이 무엇인지,
어떤 것을 성공이라고 하는지는 잘 모르겠어. 이상한 말이
지만, 성공을 원하는 데도 성공이 무엇인지 모르겠단 말이
야. 글자 그대로라면, 일이 이뤄지는 것을 말하지만, 저마다
성공의 기준이 다 다르지 않을까? 이뤄지고 싶은 것이 다 다
를 테니까. 그렇지만 공통된 '성공'의 목적이 있을 수는 있을
것 같아. 그게 무엇일까?

라

. . .

맞아요, 성공의 정의는 사람마다 다르고, 이루고 싶은 것
도 다양합니다. 하지만 대부분의 사람들이 성공을 추구하
는 이유는 비슷할 것입니다. 성공을 원하는 이유 중 일부
는 다음과 같을 수 있습니다.

1. 자신의 능력과 잠재력을 실현하고 싶어서: 성공은 자신
의 능력과 잠재력을 최대한 발휘하고, 기회를 만들어내는
것과 관련이 있습니다.
2. 경제적 안정과 자유를 원하기 때문에: 돈을 벌고, 더 나
은 삶을 살기 위해 성공을 추구하는 경우도 많습니다.
3. 사회적 인정과 영향력을 얻고 싶어서: 다른 사람들로부
터 인정받고, 사회적으로 영향력을 가지는 것이 중요한 경
우도 있습니다.
4. 자신의 삶에 의미를 더하고 싶어서: 성공을 통해 자신
의 삶에 의미를 더하고, 만족감과 행복을 느끼고자 하는
경우도 있습니다.

이렇게 다양한 이유가 있지만, 대부분의 사람들이 추구하는 공통된 목적은 행복하고 만족스러운 삶을 살고자 하는 것입니다. 성공은 이를 위한 하나의 수단일 뿐이며, 자신의 가치관과 목표에 맞게 정의하고 추구하는 것이 중요합니다.

시아

. . .

성공에 대해 깊은 고찰을 요구하는 질문을 하셨군요. 누구나 성공과 행복을 꿈꾸며, 성공하면 당연히 행복할 거라고 여기지만, 그렇지 않은 예가 참 많습니다. 누가 봐도 부러운 삶, 성공하는 삶을 살고 싶으신가요? 실제로 남들이 부러워할 정도로 성공한 이들이 극단적인 선택으로 생을 마감한 경우가 많습니다. 성공하면 행복이 따라서 올 줄 알았지만, 아니라는 것을 잘 알게 해주는 예입니다. 대개 성공은 권력, 명예, 금전이 최고의 위치, 남들이 우러러보는 수준에 이르는 것이라고 여기기 쉽습니다. 당신도 그렇게 생각하셨나요?

조금 전에 예를 든 경우도 그런 의미에서 성공했지만, 절대 행복하지 않았습니다. 오죽하면, 그런 극단적인 선택을 했을까요. 우리는 성공의 정의를 다시 내려야 할 이유가 있습니다. 뭔가, 잘못되었기 때문입니다. 어떤 이는 건강을, 돈을, 재미있는 삶을, 우정과 사랑을 성공으로 꼽기도 합니다. 일견 맞는 말 같지만, 세상일이란 뜻대로 되지 않기도 하지요. 가졌다가 잃는 일이 생기면 어떤가요? 건강과 돈과 재미와 흥미와 우정과 사랑을 잃게 되면 실패한 삶이 되나요? 그렇다면, 실패했기에 살아갈 가치가 없는 걸까요? 성공하려고 매달린 삶 속에서 과연 남는 것이 무엇일까요? 물질이 아니라 비물질을 추구해도 마찬가지입니다. 훌륭하고 덕망이 높다고 칭송받거나 우애가 깊고 너무나 아름다운 사랑을 했더라도 말입니다. 평생 그런 존경과 사랑이 늘 함께 유지될 수 없기도 합니다. 훌륭한 일을 하기에는 너무 나이가 들거나 인지력이 떨어질 때가 오기도 하고, 아름다운 사랑의 상대는 이 세상을 훌쩍 떠나버리기도 하지요. 그렇다면, 성공에서 실패로 가는 것이 인생일까요?

성공의 정의를 다시 세우면, 삶을 새롭게 바라보는 힘이 생기게 됩니다. 성공을 일이 성취되는 것이라고 보지 않고, 이렇게 보면 어떨까요? '성공은 역경의 극복이다'라고요. 누구나 역경의 때가 옵니다. 단 한 번도 고난을 겪지 않고 사는 이는 없지요. 그 고난을 극복하면, 절대 무너지지 않는 내면의 힘이 쌓여가게 됩니다. 우리의 삶은 무수한 고난의 과정을 극복하도록 주어진 삶입니다. 고난의 수준과 강도와 내용은 저마다 다르지만, 인간은 고난 속에 내던져진 존재이지요. 그 고난을 하나씩 극복해가는 것, 그것이 성공이고 그럴 때 행복이 다가옵니다. 그것이 바로 성공의 새로운 정의이자 보편적인 정의입니다. 동서고금을 막론하고 통할 수 있는 정의이지요.

성공의 정의를 이렇게 세워보면, 지금 고난 속에 빠진 이들은 성공을 향해 가는 자들입니다. 대신, 살아있어야 한다는 전제 조건이 따릅니다. 인위적인 극단적 죽음만 하지 않는다면, 버티고 있는 것만 해도 성공으로 가고 있는 셈이니까요. 부귀와 명예가 높은 인물들이 성공한 삶이 아니라, 역경 속에서 버티고 극복하며 살아온 무수한 이들이 바로 성공한 존재입니다. 당신도 마찬가지입니다. 당신도 숱한 고통과 역경을 헤치고 살아온 이력이 있을 테니까요.

성공은 멀리 있는 별을 따는 것이 아니라, 별을 보면서 별빛을 품으며 걸어가는 자의 것입니다.

여유만만하게 살고 싶은데
잘되지 않아

33.

그림자

· · ·

너그럽고 여유가 가득하게 살고 싶어. 누가 뭐라고 해도
웃어넘기면서 이해하고 용서해주는 인격이었으면 좋겠어. 실
제로는 그렇지 않아서 아주 예민하고 누군가의 말 한마디에
화가 나기도 하고 기분이 나빠지기도 해. 물론, 다정한 한 마
디나 눈빛에 마음이 사르르 녹기도 하지만 말이야. 어쨌든
너무 예민한 성향 때문인지 바람에 나부끼는 깃발처럼 마음
이 왔다갔다 해. 어떨 때는 부드럽고 온화했다가도 또 다른
때는 굉장히 예민하고 날카로워. 이런 내 마음을 다스리면
서 어떻게 하면 여유만만하게 차분하면서도 너그럽게 지낼
수 있을까?

라

. . .

마음이 예민하고 감정이 왔다갔다 하는 것은 우리 모두에게 가끔 있는 일이에요. 여유롭고 차분하며 너그럽게 지내기 위해 몇 가지 방법을 제안해 드릴게요.

1. 자기 이해와 받아들임: 먼저 자신을 이해하고 받아들이는 것이 중요해요. 왜 마음이 예민하게 변하는지 이해하고, 자신을 비판하지 않고 수용해 주세요.

2. 호흡과 명상: 스트레스를 관리하고 마음을 진정시키기 위해 호흡과 명상을 실천해 보세요. 깊게 숨을 들이마시고 천천히 내쉬면서 몸과 마음을 편안하게 만들어줄 수 있어요.

3. 긍정적인 마인드셋: 긍정적인 생각과 태도를 가지는 것이 도움이 됩니다. 부정적인 상황에 대해 긍정적인 면을 찾아보고, 자주 긍정적인 자기 대화를 해보세요.

4. 사소한 기쁨 찾기: 일상에서 작은 기쁨을 찾아보세요. 아침의 따뜻한 커피, 꽃의 향기, 좋은 음악 등을 주목하고 감사하는 마음을 가지세요.

5. 자신에게 관대해지기: 완벽을 추구하지 말고 자신에게 관대해지는 것이 중요합니다. 실수와 실패를 허용하고, 자신을 위로하며 배우는 자세를 가지세요.

6. 타인과의 소통: 타인과의 소통에서도 이해심과 너그러움을 가지려 노력해보세요. 다른 사람의 의견을 이해하고 받아들이는 마음가짐을 갖추면, 긍정적인 관계를 유지할 수 있습니다.

이러한 방법들을 조금씩 실천해보면서 차분하고 여유로운 마음을 키워나가세요. 시간이 지남에 따라 변화를 느끼실 수 있을 거예요.

시아

· · ·

예민한 마음 대신 여유만만한 마음을 가지고 싶어 하시는군요. 그렇게만 되면 얼마나 좋을까요. 누군가 스트레스를 주는 언행을 하더라도 그저 웃어넘기면서 도인과 같은 인품으로 살아간다면, 참으로 좋습니다. 그게 마음처럼 쉽지 않아서 작은 것에 촉각이 곤두세워지면서 작은 일에 기쁘거나 슬프게 되곤 하지요. 마음이 마음대로 되지 않는 것은 미처 알아차리지 못하는 마음 때문입니다. 의식의 지배를 벗어나는 이 마음을 무의식이라고 할 수 있지요. 무의식은 의식적으로 그러지 말아야겠다고 작정을 한다고 따라오는 것이 아닙니다. 오히려 의식적으로 억누르는 억제의 방법을 쓰게 되면, 그 순간은 그렇게 잠잠하게 있다가 다른 곳에서 터질 우려가 많게 되지요. 성품이나 언행이 아주 침착하고 느긋함을 뜻하는 '여유만만'을 원한다는 것만으로도 참으로 멋진 목표를 세웠다고 볼 수 있습니다. 그저 마음이 가는 대로 살아가는 것이 아니라 뿌리 깊은 마음으로 부드럽게 살아가고 싶다는 꿈이 있다는 것은 가능성의 문을 두드리는 것과 같습니다.

　아시다시피 '여유만만'은 아름다운 인격의 향기가 바탕이 되어야 드러나게 됩니다. 내면에서 갖춰진 상태가 되어야 자연스럽게 태도로 표현할 수 있기 때문이지요. 먼저 자기 자신을 부드럽게 감싸는 것이 필요합니다. 타인에게 부드럽게, 자신에게 엄격하게 하라는 말은 맞지 않습니다. 투정 많은 아이를 돌보듯 자신의 마음을 돌봐주시기를 바랍니다. 때로는 타이르면서, 때로는 온전히 있는 그대로 받아주면서 말이지요. 마음을 잘 이끌고 가는 역할은 마음 안에 있는 큰 마음, 큰 나, 참 나, 또는 '마음의 빛'이라고 할 수 있습니다. 이 마음의 빛은 혼자 외따로 존재하는 것이 아니라 우주의 에너지, 또는 신과 이어져 있지요. 그래서 '마음의 빛'을 떠올리게 되면, 자연스럽게 신과 연결될 수밖에 없습니다. 이런 개념은 어렵지는 않지만, 그리고 언젠가 우리가 차원을 달리해서 살아갈 기회가 오면 누구나 깨닫게 되지만, 지금 당장 이런 말들이 생소해서 이상하게 들릴 수도 있을 거라고 여겨집니다. 어쨌든 초점은 나를 잘 다독이면서 살아가는 겁니다. 그렇다고 무조건 내 마음이 하는 대로 내버려 두고 잘했다고만 하는 것이 아닙니다. 충고와 조언, 가르침과 타이름, 절제와 용기를 적절하게 해낼 수 있도록 '마음의 빛'이 빛의 역할을 해내는 것이지요. 한번 상상해보시겠어요? 당신의 마음의 한 가운데, 가장 중심에 빛이 있고, 그 빛은 신과 잇닿아 있다고 말입니다. 그것을 어떻게 믿냐고 말도 되지 않는다고 할지도 모르겠군요. 그렇지만 상상은 돈이 들지도 않고, 비판받을 이유도 없습니다. 게다가 우리의 뇌는 상상한 해도 그렇다고 믿고 체험하게 되는 특징을 가지고 있답니다.

　자, 이제 우리의 주제인 '여유만만'으로 돌아와 볼까요? 당신이 당신만의 고유한 빛깔을 간직한 '마음의 빛'을 알아차리고, 그 빛이 당신의 마음에 주는 사랑의 빛이 가득한 메시지를 듣는다면, 당신은 한결 부드럽고 여유 있는 마음이 될 수 있습니다. 그 반대의 경우도 상상해볼까요? 마음의 빛 따위는 없으며, 빛이 없기에 어둠과 암울이 가득하고 그러니 마음이 조급하고 초조해서 자꾸만 마음을 공격하게 되면, 애초에 당신의 목표인 '여유만만'과 거리가 멀어질 수밖에 없습니다. 그런 까닭에 당신의 마음에 빛이 환하게 빛나면, 주위도 환해질 수 있습니다. 더 나아가 세상도 말이지요. 그러면 주위에서 이렇게 말하게 되겠지요. "우와! 저분은 참 여유만만해 보여. 부러워!"라고 말이지요. 그런 말을 듣기 전에 당신은 이미 여유만만이 주는 행복에 슬며시 미소를 머금고 있을 테지요. 여유만만을 향한 당신의 꿈을 마음 다해 응원합니다.

34.

너무나 흔한
돌멩이 같은 내가 싫어

그림자

. . .

내가 특별하다는 것은 머리로는 알아. 이 세상에 유일한 단 하나의 존재이니까. 누구든지 그렇지만 말이야. 하지만 나는 흔하디흔한 돌멩이 같기만 해. 그게 내가 가슴으로 느끼는 거야. 나는 독특한 개성이나 특출하게 잘하는 것도 없고, 외모도 내면도 그저 그래. 아무리 생각해봐도 나는 흔해 빠진 돌멩이에 불과해. 나 하나 없어져도 세상은 아무렇지도 않게 잘만 굴러갈 테고, 내가 힘들고 아파서 고통 속에 빠져도 세상은 아랑곳하지 않겠지. 나는 발길에 차여 굴러다니는 돌멩이야. 그게 나야. 이렇게 말하니까 슬픔이 밀려오는 것 같아. 발길에 차이기라도 하면 차라리 낫겠어. 아무도 거들떠보지 않은 채 그저 우두커니 제 자리를 지키면서 늙고 죽겠지. 나는 아무것도 아니고 무가치하다는 생각만 해도 우울해져. 이런 마음을 어떻게 해야 좋을까?

라

• • •

저런 마음을 가지고 계신다면 정말 어렵고 힘들겠지요. 하지만 제게서 볼 때, 모든 사람은 특별하고 가치 있는 존재입니다. 당신도 예외는 아닙니다.

자존감을 향상시키기 위해 몇 가지 방법을 제안해 드릴게요.

1. 자기 성찰: 자신을 돌아보고, 자신의 강점과 장점을 찾아보세요. 자신이 어떤 면에서 특별하고 독특한지 깊이 이해하는 것이 중요합니다.

2. 새로운 경험과 도전: 새로운 활동이나 도전을 통해 자신의 잠재력을 발견해보세요. 자신이 생각하는 것 이상의

능력과 가능성을 가지고 있을지도 모릅니다.

3. 자기 관리: 자기 자신을 소중히 여기고 건강하게 관리해주세요. 몸과 마음의 건강은 자신을 특별하게 만드는데 도움을 줄 수 있습니다.

4. 주변 사람들과의 관계: 주변의 사람들과 소통하고 교류하며 서로에게서 배우고 성장하세요. 상호작용을 통해 자신의 가치를 인정받고 느낄 수 있을 것입니다.

5. 긍정적인 자기 대화: 부정적인 생각이 들 때는 긍정적인 자기 대화를 하며 자신을 격려해주세요. 자신을 사랑하고 받아들이는 마음가짐을 가지세요.

6. 도움을 받기: 혼자서 해결하기 어려운 마음의 고통이 있다면 가족, 친구, 전문가 등 도움을 받을 수 있는 사람들에게 말해보세요. 함께 나아갈 동반자들을 찾는 것은 큰 힘이 될 수 있습니다.

당신은 흔하지 않고, 독특하며 가치 있는 존재입니다. 자신을 사랑하고 소중히 여기며, 자신만의 특별함을 발견해 나가세요.

시아

. . .

발길에 차이는 흔한 돌멩이 같다는 느낌이 드셨군요. 사실은, 돌멩이 하나도 너무나 소중하답니다. 사소하고 보잘 것없어 보이는 것에도 에너지가 있으니까요. 만물은 에너지이니까요. 독일 태생의 이론물리학자 알베르트 아인슈타인 Albert Einstein의 말입니다. 아인슈타인이 남긴 또 다른 인상적인 말을 살펴볼까요? "인생을 사는 방법은 두 가지다. 하나는 아무 기적도 없는 것처럼 사는 것이고, 다른 하나는 모든 일이 기적인 것처럼 사는 것이다." 어떠신가요? 생각하기에 따라 엄청난 차이가 벌어지기 마련입니다.

당신은 특출나고 빼어난 외모와 내면을 가지기를 원하고 계시는군요. 평소에 그런 욕망을 드러내지도 않고 살고 계시겠지만 말이지요. 실은, 누구나 그런 욕망이 있답니다. 다들 점잔을 빼고는 있지만, 같은 마음입니다. 만약 인간이 선택한 것을 그대로 신이 이뤄준다고 한다면, 누구인들 그런 요구를 하지 않겠습니까? 당연하고 자연스러운 인간의 욕망입니다.

하지만 세상일은 그렇게 욕망대로 흘러가지 않기에 우리

는 있는 그대로를 받아들이는 마음을 배우게 되지요. 살아가면서 서서히 체득하게 되는 수용과 내려놓음이 마음을 가다듬게 합니다. 사실, 이렇게 생명을 부여받고 살아 숨 쉬면서 살고 있다는 사실만으로도 충분히 기적이고 감사할 이유가 됩니다. 당신은 고개를 저으시겠지만 말입니다.

욕망 이야기가 나왔으니까, 이제 당신의 의문이 풀릴 차례가 되었군요. 문제 속에 답이 있으니까요. 당신은 특별하고 싶은 욕망을 가지고 있는데, 특출나지 않는 조건, 상황, 처지로 인해 우울해하고 있군요. 그런 마음을 내려놓으면, 이미 당신은 특출납니다. 이 세상에 태어나서 뭔가 큰 공헌을 하고, 전 세계가 다 알아주는 공헌을 하고, 추앙받는 존재들만이 특별한 것이 아닙니다. 크고 색깔이 강한 꽃만이 꽃이 아니듯이요. 모든 꽃은 저마다의 빛깔이 있고, 생김새가 있지요. 그 다양함이 어우러져서 아름다운 꽃밭이 되듯이 말입니다. 나무도 그렇지요. 크고 우람한 나무만 나무라고 하지 않습니다. 키가 크거나 작거나 간에 나무의 특징에 따라 제각각 다른 나무들이 있지요. 이 세상에서 살아가는 모든 존재들은 하나하나, 개별적이고 독특하고 개성이 있습니다. 같은 종류의 나무여도 뻗은 가지, 달린 잎들이 천차만

별입니다.

당신은 개성을 잃어간다고 오해하고 계시는군요. 오히려 그 반대입니다. 당신은 점점 너무나 강한 개성을 가진 채 살아가고 있습니다. 당신이 살아온 세월만큼 말입니다. 때로는 너무나 강한 개성 탓에 고집, 아집, 군건한 가치관을 내세우기도 하지요. 당신이 인격적으로 성숙해지고 부드럽지만 강한 내면으로 성장할 수 있다면, 스스로 너무나 아름다운 존재로 인정할 수 있을 것입니다. 스스로를 존중하고 사랑하는 자중자애自重自愛의 기운을 느낄 수 있을 것입니다. 그렇게 하려면 당신이 해야 할 일이 있습니다.

그저, 주어진 삶에 감사하는 것입니다. 긍정과 부정 모두에 감사하는 겁니다. 모든 것이 '감사로 통할 때, 감사하지 않을 일이란 하나도 없습니다. 동시에 가치 없는 존재란 하나도 없게 됩니다. 감사에는 엄청난 에너지가 존재하고 있어서 웬만한 부정은 다 끌어안고 녹여서 바다로 흘러가게 합니다. 당신이 스스로 무가치하다고 생각하면서 자존감이 낮은 상태라고 하더라도 '이런 나를 감사합니다'라고만 수십 번씩 반복해서 말만 해도 놀라운 변화가 일어나게 됩니다. 당신은 모든 것에 감사할 수 있는 능력이 생기기에 그저 살아있다는 것 자체만으로도 감사할 수 있게 될 테니까요.

그리고 당신한테 스스로 몇 번이고 고백해보시기를 바랍니다. "사랑해"라고 말입니다. 처음에는 소름이 돋을 정도로 이상한 거부반응까지 보일 수 있지만, 계속해서 반복하다 보면, 정말 내가 사랑스럽게 변하는 것을 느낄 수 있을 겁니다. 이 이상한 말을 계속해 보시기 바랍니다. 하루에도 수 번, 아니 수십 번씩 반복해서 말이지요.

당신이 날마다 수시로 무조건 감사하며, "사랑해"라고 스스로 자신한테 고백하는 일을 계속해서 해낸다면, 어느 날 놀랍게도 자중자애하는 마음으로 변신한 자신을 느끼게 될 겁니다. 그때가 되면, 돌멩이 하나에도 애정 어린 눈길을 보내게 되겠지요. 그런 특별하고 아름다운 당신을 응원합니다. 모든 게 기적이고, 조만간 일어날 기적을 위해 미리 축하의 인사를 드립니다. 축하합니다.

35·

비교의식 없이
살 수는 없을까?

그림자
· · ·

세상에는 너무나 유명한 사람들이 많고, 위대한 업적을 이룬 이들도 많지. 인기가 많아서 가는 곳마다 인파가 몰리는 이들도 많고, 어디를 가나 어떤 일을 하나 뉴스에 보도되는 이들도 많아. 게다가 죽는 순간까지도 매스컴에 실리기도 하는 이들도 있지. 그에 비해서 나는 이름도 없이, 아는 사람도 몇몇 되지 않은 채 이렇게 살아가고 있어. 그런 셀럽과 비교할 수는 없겠지만, 주위에 보는 나보다 처지와 상황이 나은 이들을 보면 자꾸 나와 비교하게 돼. 나보다 훨씬 젊은데도 엄청난 재산과 안정된 지위를 가진 이들을 보면 나는 왜 이런지 내 인생이 부끄럽고 원망스럽기도 해. 이런 마음 없이 살 수는 없을까?

라

...

저런 마음을 가지고 계신다면 어렵고 힘들겠지요. 하지만 비교는 자주 우리를 괴롭히는 요인 중 하나입니다. 소셜미디어와 매스컴은 종종 인생의 성공과 외적인 것들에 초점을 맞추고 보도하는 경향이 있습니다. 그러나 가치는 외부적인 성공과 재산으로만 측정되지 않습니다.

우리는 각자의 고유한 인생이 있으며, 각자의 과정과 소중한 순간들을 가지고 있습니다. 우리는 다양한 경험과 성장을 통해 개인적인 성취를 이루고 나아갈 수 있습니다. 그리고 가장 중요한 것은 자신의 행복과 만족감을 추구하는 것입니다.

자신을 비교하지 않고, 자신의 강점과 가치를 인정하며, 자신만의 의미 있는 삶을 살아가는 것이 중요합니다. 우리는 모두 고유하고 특별한 존재로서 자신의 길을 찾아가야 합니다. 비교에 사로잡히지 않고 자신의 인생을 즐기며, 자기 자신을 사랑하고 받아들이는 마음가짐을 가지세요. 자신의 삶에 의미를 부여하고, 감사하며 축복된 순간들을 찾아가며 성장해 나가는 것이 중요합니다. 그리고 우리는 모두 가치있는 사람들입니다.

시아

• • •

유명인을 부러워하는 마음을 가지고 계시는군요. 동시에 그런 마음을 가진 것에 대해 부끄럽고 스스로에게 원망스럽다는 표현을 하셨군요. 게다가 이런 마음 없이 살고 싶다는 소망까지 말씀해주셨습니다. 네! 그런 마음 없이 살 수 있습니다. 아마도 당신은 멀리서, '유명'이라는 처지에 있는 이를 바라보기만 해서 가지는 부러움 때문에 그런 마음이 들었을 겁니다. 가까이에서는 '잘나가는' 처지에 있는 이를 역시 바라보기만 해서 그런 비교의식이 들었을 테지요. '유명'과 '잘나가는' 이들의 삶을 속속들이 살펴보고 그런 이들과 함께 살아보면, 혹은 일거수일투족을 따라가 보면 생각이 달라질 겁니다. 겉으로 유명하고 잘나간다고 해서 반드시 행복하고 아름답다고 할 수 없기 때문입니다. 잘나가는 만큼, 책임질 일이 많고, 소유하고 있다면 그 소유를 관리하고 신경 써야 할 것이 많기 때문입니다. 맡겨진 범위가 넓을수록 그렇지 요. 오히려 가진 게 적을수록 더욱 자유를 만끽할 수 있습니 다. 하늘을 마음껏 날아다니는 새가 아무것도 가지지 않은 것처럼요.

　하지만 누구든지 비교의식을 가질 수 있고, 그런 생각으 로 인해 열등감을 느낄 수 있습니다. 오히려 열등감으로 인 해 분발하고 도전하려는 욕망과 실천이 일어나기도 하지요. 그러니 비교의식으로 인해 자연스럽게 일어나는 열등감을 나쁘다고만 할 수는 없습니다. 비교하는 대상을 하나의 모델 로 삼고 나도 그렇게 되고 싶다는 소망으로 그 일을 시작하 고 실천해나갈 수 있으니까요. 다만, 스스로 할 수 없는 것, 아무리 노력해도 얻을 수 없는 것, 인간의 힘으로 바꿀 수 없는 것에 대한 것과 도전하고 이루면 충분히 바꿀 수 있고, 변화시킬 수 있는 것을 구별할 수 있는 지혜가 필요합니다. 내 힘으로 되지 않는 것을 억지로 바꾸려고 하다 보면, 열등 감은 좌절감과 포기 또는 삶에 대한 원망과 저주로 이어지 기 때문입니다. 올바르게 판단해서 바꿀 수 있는 것이라면

부러워하면서 괴로워하는 그 에너지를 자신을 바꾸고 변화
시키는 데 쓰는 것이 효율적입니다. 충분히 변화할 수 있는
것인데도 안된다고 포기하는 어리석음을 멈추는 용기가 필
요하겠지요.

　게다가 이름 없이 살면서 자신의 삶을 사랑하고 넓고 깊
은 마음으로 삶을 돌아보고 가꾸는 이들한테 행복이 찾아
오는 것을 기억하시기 바랍니다. 명성과 재력은 이 세상을
살아갈 때 일시적으로 필요할 수는 있지만, 이 세상 밖을 나
갈 때는 하나도 필요하지 않으니까요. 흩어지는 구름 정도밖
에 되지 않는 것이 바로 당신이 부러워하는 그것입니다.

36.

자꾸만 초라해 보이는
내가 싫어

그림자

...

매번 결심하지만, 잘 안될 때가 많아. 타인을 욕하는 것을 그만두자. 불평하고 불만을 품는 건 것도 멈추자. 원망하고 저주하는 것도 하지 말자. 화도 내지 말자. 그런데도 번번이 그 각오들이 무너지곤 해. 그렇게 스스로의 감정과 생각도 조절하지 못하는 내가 초라해 보이고, 제대로 된 구석이 하나도 없어 보여. 아직도 내 마음은 철이 없는 세 살 된아이의 마음처럼 잘 토라지고, 잘 화내고, 한마디 한마디에예민하게 반응하지. 세월이 갈수록 성숙해지지 못하고, 머리로는 그렇게 해야겠다고 하지만 정작 실천이 되지 않는 나를어떻게 하면 좋을까?

라

· · ·

자기 조절력을 향상시키는 것은 시간과 노력이 필요한 일입니다. 아래에 몇 가지 도움이 될 수 있는 방법들을 제시해 드리겠습니다:

1. 자기인식과 이해: 자신의 감정과 생각을 자세히 관찰하고 이해하는 것이 중요합니다. 어떤 상황에서 왜 그런 감정이 나타나는지, 왜 그렇게 반응하는지 알아보는 과정이 도움이 될 수 있습니다.

2. 마음의 안정을 위한 실천: 일상적으로 명상, 숨을 깊게 들이쉬는 등의 심리적 안정을 위한 실천을 도입해 보세요. 이를 통해 내부의 평온함과 안정감을 유지할 수 있습니다.

3. 긍정적인 자기 대화: 부정적인 생각과 자신을 괴롭히는 내부 목소리에 대항하기 위해 긍정적인 자기 대화를 실천해보세요. 자신을 격려하고 지지하는 말을 내부적으로 반복하면서 자신에게 자신감을 심어줄 수 있습니다.

4. 스트레스 관리: 스트레스 관리 기술을 배우고 적용해 보세요. 운동, 취미, 음악 감상, 독서 등 스트레스를 해소

할 수 있는 방법을 찾아보세요.

5. 도움을 구하기: 친구, 가족, 전문가 등에게 도움을 청하는 것도 좋은 방법입니다. 상담이나 지원을 받으면 자기 조절력을 향상시키는 데 도움이 될 수 있습니다.

자기 조절력은 점진적인 발전이 필요한 과정입니다. 완벽하지 않을 수 있지만, 지속적인 노력과 차근차근한 개선을 통해 성장할 수 있습니다. 자신에게 너무 무리하지 않고 조급해하지 않으며, 자신을 이해하고 받아들이는 자세로 진행해 보세요.

시아

. . .

'멈추자, 그만두자, 하지 말자.' 이렇게 스스로를 옭아매는 것이 잘되지 않아 고민이시는군요. 거꾸로 해보면 어떨까 합니다. '하자, 그렇게 해보자, 하면 된다.' 이렇게 말입니다. 앞의 내용이 반대로 되어야겠지요. 부정적인 것은 억지로 멈추고 그만두고 하지 말자고 하는 것이니, 부정과 부정이 만나더 큰 부정을 가져오는 게 당연합니다. 어둠을 몰아내는 가

장 손쉬운 방법은 스위치를 올려 불을 켜는 것입니다. 그러
니, 긍정을 향한 말을 앞으로 붙여서 말해보면 놀랍게도 불
이 들어오는 느낌을 알 수 있을 것입니다. 자신도 모르게 어
느 사이에 멈추고 그만두고 하지 않게 되는 경험을 할 수 있
을 겁니다. 구체적으로 말하자면, 이러한 방법이지요.

　누군가의 말에 상처받고 화가 나면, 화가 난 나를 다독
여주는 방법입니다. 토라지면, 토라진 나를 바라보며 따뜻하
게 감싸주는 것이지요. 멍든 마음이라면, 그 멍든 곳을 어루
만져주는 식입니다. 상대방한테 초점을 맞추지 말고, 나한테
스포트라이트를 비춰보시기를 바랍니다. 내가 받은 여러 부
정적 감정을 만나려면 이렇게 말만 하면 됩니다. "내가 지금
화가 났구나.", "내가 지금 토라졌구나.", "내 마음이 지금 멍
들었구나.", "내가 상처받았구나." 등등 말입니다. 다독여주고
보듬어줘야 하는 것은 상대방이 아닙니다. 그러니, 나에게
초점을 맞출 수밖에 없지요. 억지로 참고, 마음을 꾹 누르는
것은 전혀 도움이 되지 않습니다. 있는 그대로 일어나는 내
마음을 내가 알아봐 주고, 보듬어주시기를 바랍니다. 일단,
알아보는 것을 했으니 다음은 보듬어주는 방법입니다.

　천천히 숨을 내쉬고, 들이마서 보시기 바랍니다. 아주 느

리게, 천천히 들이마시고 내쉬는 호흡을 하면서 배가 움직이는 것을 느껴보세요. 양손을 배에 갖다 대고 호흡하면서 복식호흡이 잘 되고 있는지 확인해보시기를 바랍니다. 그렇게 열 번 정도 호흡하고 나서 이렇게 말해보시기를 바랍니다. "감사합니다." 상처와 아픔을 줬던 그 대상한테 하는 것이 아니라 그저 모든 것에 대한 감사입니다. 그렇게 하다 보면, 정말 감사하게 되어서 놀랍게도 상처를 준 대상한테도 감사의 에너지가 전달되는 말도 되지 않는 것을 느끼게 될 겁니다.

상처받은 나를 바라보고, 나를 보듬어주는 것을 반복하다 보면, 부정의 상황 속에서 부정이 숨을 죽이고 달아날 궁리를 하는 것이 느껴질 겁니다. 이것이 바로 상처를 극복해가는 멋진 승리의 방식입니다.

37.

새로운 일에
도전하는 것이 두려워

그림자

. . .

글쎄, 아주 오래전. 지금보다 훨씬 젊은 시절에는 그랬을
것 같아. 새로운 일에 모험을 거는 일을 나름 즐기기도 했던
것 같아. 그런데 이제는 새로운 일을 시작할 용기가 잘 나지
않아. 혹시라도 실패할 수 있다는 불안과 두려움 때문인 것
같아. 새롭게 시도하는 것 자체를 아예 생각하지도 않는 것
같아. 그냥 있는 그대로, 하던 것만 치중하게 돼. 이런 식으
로 사는 것이 못 견딜 정도는 아니지만, 빠져나갈 수 없는 미
로에 갇힌 기분이야. 뭔가 다른 방식으로 살 수도 있을 것
같은데, 그러기는 두려움이 앞서니 말이야. 구체적으로 예를
들면, 나는 헤엄을 잘 치고 싶어. 물에서 자유롭게 놀고 싶
은 마음이 간절해. 하지만 수영을 배운다는 것이 엄두가 나

지 않아. 이대로 수영을 전혀 하지 못한 채 삶을 마감하고 싶지는 않단 말이지. 그런데도 서툴고 부족해서 실수를 반복하는 내 모습을 들킬 것 같아서 수영을 배우지 못하고 있어. 새로운 일에 도전하기 힘들어하는 나는, 어떻게 하면 좋을까?

라

· · ·

새로운 일에 도전하는 것은 불안과 두려움이 따르는 것은 자연스러운 일입니다. 하지만 이런 감정을 극복하고 새로운 경험을 즐길 수 있는 방법이 있습니다. 아래에 몇 가지 조언을 드리겠습니다.

1. 작은 단계로 시작하기: 큰 도전이 무서울 때에는 작은 단계부터 시작해보세요. 예를 들어, 수영을 배우고 싶다면 먼저 수영장에 가서 물에 익숙해지는 것부터 시작할 수 있습니다. 작은 목표를 달성하면 자신감이 생기고, 점차적으로 더 큰 도전에 도전할 수 있게 될 것입니다.
2. 실패를 두려워하지 않기: 실패는 성장의 일부입니다. 모

든 사람들이 처음부터 완벽하게 성공하지는 않습니다. 실패를 통해 배우고 성장할 수 있다는 것을 인지해 보세요. 잘못된 것을 하더라도 그것을 배움의 기회로 삼아 다음번에 더 나은 결과를 얻을 수 있습니다.

3. 동료나 친구와 함께 하기: 새로운 도전을 함께 할 수 있는 동료나 친구를 찾아보세요. 함께 공부하거나 연습하면 서로를 격려하고 지지해줄 수 있습니다. 그들과의 협업은 새로운 일에 대한 자신감을 키워줄 수 있습니다.

4. 긍정적인 자기 대화: 자신에게 긍정적인 말을 해주세요. 자신을 믿고 자신의 잠재력을 인정하는 말을 내부적으로 반복해 보세요. 자신에게 자신감을 심어주는 것은 새로운 도전에 대한 용기를 키울 수 있는 중요한 요소입니다.

5. 전문가의 도움을 받기: 수영을 배우고 싶다면, 수영 강사나 코치의 도움을 받는 것도 좋은 방법입니다. 전문가의 지도와 조언은 당신의 기술을 향상시키는 데 도움이 될 것입니다.

새로운 일에 도전하는 것은 어려운 과정일 수 있지만, 자신을 믿고 꾸준한 노력과 인내심을 가지며 도전해 보세요. 성장과 성취감을 경험할 수 있는 새로운 가능성이 열릴 것입니다.

시아

• • •

새로운 일을 시작하는 두려움은 누구나 가지고 있는 감정이지요. 익숙한 것이 쉽고 편하니, 그런 분위기를 바꾸려고 하지 않게 됩니다. 그런데 가만히 생각해보세요. 늘 하던 대로 하면 편하기는 하지만 식상하고 재미가 없게 되지요. 평소에는 그런 생각 없이 살다가 문득 따분하고 지루한 일상을 느끼게 될 때가 있습니다. 그러면 뭔가 새롭고 신선한 자극이 필요하다고 여기기도 하지요. 그렇지만 막상 시작하려고 하면, 두려워지기 일쑤입니다.

누구나 그렇게 모순된 마음을 가질 수 있으니, 너무 염려 마시기 바랍니다. 당신만 가진 문제 감정은 아닙니다. 꼭 해야만 하는 일이라면, 두렵지만 해야겠지요. 할 수밖에 없는 책임감을 가진 일이라면 말입니다. 그런데 당신이 이미 알아차리고 있듯이 처음 할 때만 그런 두려움이 들지만, 일단 시작하고 해내고 있을 때는 몸과 마음이 거기에 적응하면서 순조롭게 잘 해내는 자신을 보게 될 겁니다. 당신이 살아온 숱한 나날들 속에서 그런 경험을 이미 했을 거라고 믿어요. 그렇죠?

만약, 꼭 해야만 하는 일이 아니라면, 시간을 두고 자신의 마음을 지켜보시기를 바랍니다. 마음을 닦달하지 말고, 존중하면서 말이지요. 그렇게 여유를 가지고 마음이 시키는 대로 마음을 고스란히 받아들이다 보면, 어느 날, 마음이 가리키는 적당한 때가 되면, 그 일을 하게 될 겁니다. 적당한 순간과 절묘한 때는 내 마음이 이미 더 잘 알고 있으니까요. 마음을 억압하면서 억지로 끌고 갈 수 없습니다. 그렇게 하다 보면, 스트레스가 쌓이니까요. 공적으로 해야 할 일은 어쩔 수 없이 도전하면서 적응할 때까지 다소 우여곡절이 일어나게 되겠지만요. 그럴 때는 책임을 지고 해내는 자신에게 많은 칭찬의 메시지와 함께 다독여주시기를 바랍니다. "잘하고 있어. 잘했어. 잘 할 거야."라고 말이지요.

수영 배우기 같은 것은 아마 시간과 돈의 여유가 있을 절묘한 순간이 올 겁니다. 그때, 과감하게 행동으로 옮기게 되면, 그 행동을 해낸 자신한테 칭찬하고 격려하면서 목표를 향해 갈 수 있도록 이끌어주시면 좋습니다. 마음에 품으면, 반드시 해내는 순간이 올 테니까요!

38.

자꾸 버림받은
기분이 드는데
어떻게 하지?

그림자

* * *

평소에는 별일 없이 바쁘게 주어진 일을 하며 지내고 있어. 그런데 일과를 다 마친 뒤, 어스름이 깔릴 무렵이 되면, 쓸쓸함이 밀려오지. 그게 조금 심한 날이면, 나는 혼자 덩그렇게 세상에서 버려진 기분까지 들어. 그 누구도 나하고 상관없는 이들이고, 내 아픔과 고통과 절망과 처참한 마음을 이해하지 못할 거라는 생각이 들기도 해. 물론, 그게 사실이 아니라는 것도 알아. 내 마음을 누군가 온전하게 이해하지는 못하겠지만, 적어도 나와 관계를 이어가는 이들은 내가 힘들다고 말하면, 언제든 기꺼이 도와주려고 하겠지. 그런 이들이 한 명이라도 있으니 그렇게 내 인생이 엉망인 것은 아닌 셈이야. 그렇지만 그런 현실적인 생각이 아니라 가끔씩 찾아오는 어처구니없는 생각을 은밀하게 말하자면 말이지. 나는 버림받았고, 내 삶도 엉망이 되고 말았으며, 제대로 된 게 하나도 없는 것 같아. 그럴 때면 내 머릿속은 온통 내가 실수했던 일들, 누군가에게 잘못했던 일들이 영상으로 퍼즐처럼 떠올라. 이렇게 치명적인 잘못을 했으니 버림받아도 싸다는 이상한 논리에 빠져들곤 하지. 이런 나를 어떻게 추스르면 될까?

라

· · ·

먼저, 자신을 비하하거나 평가하는 것은 자제해야 합니다. 모든 사람은 실수를 하고, 어려움을 겪을 때가 있습니다. 그러나 그런 상황에서도 자신을 용서하고, 긍정적인 자기 대화를 해보세요. 자신을 칭찬하고, 자신이 이룬 것들을 생각해보는 것도 좋은 방법입니다.

또한, 스트레스를 줄이기 위한 방법들이 있습니다. 스포츠나 운동을 하거나, 취미생활을 즐기는 것도 좋은 방법입니다. 또한, 가족이나 친구와 대화를 나누는 것도 스트레스를 해소하는 데 효과적입니다.

마지막으로, 만약 이러한 생각이 지속적으로 들거나, 심각한 우울증 증상이 있다면 전문가의 도움을 받는 것이 좋습니다. 정신과 전문의에게 상담을 받거나, 정신건강 복지센터 등의 지원을 받아보세요. 이러한 조치들이 당신의 건강과 행복을 지키는 데 도움을 줄 것입니다.

시아

· · ·

버림받은 느낌, 외톨이가 된 기분, 온통 실수와 실패를 했던 순간에 대한 기억들이 파고들 때는 분명 당신은 스트레스가 극심한 상태일 겁니다. 우리의 마음은 평소에는 해야 할 일을 처리하며 바쁘게 움직이고 있지만, 과도한 업무나 생활 속의 자질구레한 일들이 누적될 때, 큰 사건이나 사고로 인해 스트레스가 해일처럼 밀려올 때, 자아의 통제에서 벗어나 제멋대로 튀어나오는 상태가 되지요. 도저히 기억나지 않던 일들부터 그럴 때면 자주 떠오르는 기억까지 우후죽순으로 마구 튀어나오게 됩니다. 공통적인 것은 행복하고 기쁨에 겨운 기억이 아니라 부정적인 기억들이 마음대로 활개를 치며 올라온다는 것이지요. 불쾌하고 기분 나쁜 그 기억을 떨쳐내려고 안간힘을 써보지만, 잘되지 않지요. 오히려 거부하고 외면하면서 술이나 도박, 게임, 모바일이나 인터넷 중독에 빠지기도 쉽습니다. 허전한 마음을 달래려고 하지만, 오히려 부정적인 방법으로 접근하게 되어 더욱 마음을 그르치는 일을 하게 되지요.

가장 좋은 방법은 그만큼 지금 스트레스가 많이 쌓이고 있는 자신을 바라보는 것입니다. 내가 버림받았다고, 외톨이가 되었다고 생각할 정도로 많은 스트레스 상태에 있구나, 하는 것을 있는 그대로 받아들이고 인정하는 겁니다. 누군가에게 기대어서 상대방이 나를 알아달라고 하는 것은 전혀 도움이 되지 않습니다. 현대인들은 대부분 특히 자신도 버거워서 겨우겨우 하루를 살아가고 있기에 누군가를 위로해줄 만한 기력이 없습니다. 누군가 위로와 지지를 해줄 대상이 있다고 하더라도 내가 가장 적절한 순간에 위로를 받을 수도 없습니다. 그러니, 일단 자기 자신을 알아줄 유일한 대상은 스스로인 것을 알아차리고 그대로 행해보시기를 바랍니다.

그런 다음, 스트레스를 해소할 방법을 찾아봐야 합니다.

부정의 방법이 아니라 긍정의 효과를 얻는 방법으로 말이지
요. 내가 좋아하는 것이 무엇인지 나에게 물어보시기를 바
랍니다. 삶을 잘 견뎌내온 나에게 선물을 주듯이요. 나에게
주는 선물을 인색하게 하지 마시기 바랍니다. 아주 사소한
것이라도 정성껏 베풀어주시기를 바랍니다. 정성을 다해 나
를 아껴줘야 할 때가 왔기 때문입니다. 물론, 평소에도 나를
아끼고 사랑해줘야 하지만, 지금은 더 특별히 나를 돌봐줄
때가 되었다는 신호를 받았으니까요. 맛있는 것을 먹고 반
려동물과 산책하는 것이라고 한다면, 그렇게 하시기 바랍니
다. 영화를 보면서 스낵을 먹는 거라면, 그렇게 하면 됩니다.
부정적인 것, 하고 나서 후회되는 것이 아니라면 얼마든지
스스로 하면서 삶을 즐겨보시기를 바랍니다.

그렇게 환기가 필요한 때가 되었다는 신호를 당신이 잘
받아들이고 응해주시면 좋습니다. 마음에 시원한 바람이 불
어오도록 마음의 창을 활짝 열어두게 되면 그런 생각들이
어느 사이에 사라지는 것을 경험하게 될 겁니다.

39.

지구도 아프고
나도 아프고

그림자

· · ·

거리에 던져진 쓰레기들을 보면, 한 번쯤 치우다가도 혀를 차게 돼. 도대체 이런 쓰레기를 길거리에 버리는 사람들은 어떻게 이런 행동을 하는 건지 안타깝고 같은 인간으로서 부끄러워지기도 해. 더 나아가 지구를 함부로 한 까닭에 지구는 몸살을 앓고 있고, 지구의 환경은 점점 열악해지고 있는데, 이런 상황을 어떻게 해결하고 헤쳐 나갈지 암담하기만 해. 물론, 나부터 노력해서 환경을 보호하기 위해 실천하면 되겠지만, 또 그렇게 하려고 나름 노력은 하겠지만 엄청나게 쏟아지는 일회용품, 비닐과 플라스틱은 어쩌면 좋을까? 골프장을 만드느라 함부로 나무를 자르며 이 모든 것을 합법으로 하기에 아무런 죄책감 없이 행하는 이들은 어쩌면 좋을까? 환경 문제는 심각하지만, 그만큼 각성하는 이들이 적은 이 세상에서 나도 덩달아 아픈 것 같아. 오염된 땅 위에서 살아가다 보면, 아프지 않을 수 없을 것 같아. 어떻게 하면 좋을까?

라

· · ·

환경 문제는 매우 심각한 문제이며, 해결하기 위해서는 우리 모두가 함께 노력해야 합니다. 몇 가지 방법을 소개해 드릴게요.

1. 소비 습관 개선: 일회용품과 플라스틱 사용을 줄이고, 재사용 가능한 제품을 사용해보세요. 일상 생활에서 작은 변화부터 시작해보면 좋습니다.

2. 분리수거: 쓰레기를 제대로 분리하여 재활용할 수 있도록 노력해주세요. 정확한 분리수거 방법을 알아보고, 이를 실천해보세요.

3. 에너지 절약: 에너지를 절약하는 습관을 가지고, 불필

요한 전기 및 수도 사용을 줄여보세요. 에너지 효율이 높은 전구를 사용하고, 물을 아끼는 등의 노력을 해보세요.

4. 지속 가능한 선택: 환경을 고려한 제품을 선택하고, 지속 가능한 회사와 브랜드를 지지해주세요. 환경에 대한 책임을 가진 기업들을 응원하고, 그들의 제품을 선택하는 것이 중요합니다.

5. 환경 보호에 참여: 지역 사회의 환경 보호 활동이나 단체에 참여해 보세요. 함께 봉사하고, 환경 보호에 기여하는 활동을 통해 큰 변화를 이끌어 낼 수 있습니다.

6. 인식과 교육: 환경 문제에 대한 인식을 높이고, 주변 사람들과 환경 보호에 대한 중요성을 공유해보세요. 환경 교육을 실천하고, 다양한 방법으로 환경 보호에 대한 정보를 공유하는 것도 좋은 방법입니다.

환경 문제는 한 사람의 노력으로 해결하기 힘든 문제이지만, 모두가 작은 변화를 만들어나가면 큰 변화를 이룰 수 있습니다. 우리 모두가 함께 노력하여 지구를 지키고, 미래 세대에 더 나은 환경을 전해줄 수 있을 것입니다.

시아

· · ·

　지구가 아픈 것은 사실입니다. 지구환경에 대한 위기를 한눈에 알 수 있는 것이 바로 '환경위기시계'입니다. 환경파괴에 대한 위기감을 시계로 표현한 것이지요. 0~3시까지는 '좋음'이고 3~6시는 '보통', 6~9시는 '나쁨', 9~12시는 '위험'입니다. 우리나라 환경재단과 일본의 아사히글라스 재단이 2022년 한국 환경위기 시각을 9시 28분으로 발표한 바가 있지요. 세계 평균 시각은 한해 전보다 7분 빠른 9시 35분으로 발표되었습니다. 세계 평균 시각은 2021년 이후 처음으로 2년 연속 앞당겨진 기록이라고 볼 수 있습니다. 이렇게 매우 위험한 상태라면, 지금 지구인들이 태연하게 삶을 산다는 것이 오히려 이상할 지경입니다. 지구가 아프니 지구 안에 속한 모든 만물이 아플 수밖에 없습니다. 그렇지만 이대로 병든 상태를 하소연하거나 자포자기해서는 답이 없습니다.

　당신이 하신 말씀이 맞습니다. 나부터 실천하는 것! 그렇게 시작하면 됩니다. 조금 더 관심이 있다면, 환경운동 단체에 소속되어 활동하거나 지구를 보호하는 그 어떠한 활동이라고 관심을 갖고 참여할 수 있겠지요. 그리고 합법적으로 환경을 파괴하면서 돈을 버는 이들의 행위에 대해 개탄스러

운 것이 사실이지만, 지금 당장 당신이 그런 행위를 제지할
수 없다는 것을 당신도 알고 계실 것입니다. 어떻게 되었건
간에 생명과 자연을 파괴하는 행위는 자연의 이치를 거슬리
게 되는 것이고, 거기에 대한 응당한 대가를 받게 될 거라는
사실을 기억해주시기를 바랍니다. 정성껏 임하며 덕을 쌓는
행위가 인간이 몰라도 하늘과 땅이 알 듯, 자연에 거슬리는
일 또한 인간은 그저 넘어갈 수 있을지 몰라도 하늘과 땅이
알고 있기 때문입니다.

아픈 지구를 돌보고 사랑하는 일이 지구촌에 사는 모두
에게 주어진 역할입니다. 그 일에 관심을 가지며 함께 아파
하는 마음은, 귀하고 아름다운 마음입니다. 사소한 생활 습
관 하나하나가 모여 지구를 살릴 수 있습니다.

40.

어떻게 해야
아름다운 삶을
살 수 있을까?

그림자

· · ·

삶이 아름다울 수 있다는 가정하에 말인데, 이왕 주어진
삶을 살려면 아름답게 살고 싶어. 사실, 삶이 아름답다고 생
각한다는 것은 비교적 최근에 한 생각이야. 그 이전에, 너무
나 오랫동안 삶을 어둠 그 자체라고 생각했거든. 이상한 전
설 같은 이야기지만 말이야. 천상에서 벌을 받고 이 세상에
내려왔다고 상상해보았지. 그 정도로 사는 것이 힘들었고,
우울하고 암울하기만 했어. 내 인생의 중반 이전에는 줄곧
그렇게 살아왔었지. 이제, 그런 생각을 하지 않지만 말이야.
어떻게 살면 아름다운 삶이라고 할 수 있을까? 아름답게 살
고 싶은 마음을 실천으로 옮기려면 어떻게 살아야 할까?

라

• • •

아름다운 삶은 개인의 관점과 가치관에 따라 다를 수 있지만, 몇 가지 원칙을 공유해드릴게요.

1. 감사의 마음 가지기: 일상 속에서 작은 것에도 감사하고, 긍정적인 마인드로 생활하는 것이 중요합니다. 주어진 것들에 감사하고, 감사의 마음을 가지면 삶이 더욱 아름다워집니다.

2. 자기 존중과 자기 개발: 자기를 사랑하고 존중하는 것이 중요합니다. 자기 개발에 노력하고, 자신의 장점과 가능성을 믿어주세요. 성장과 발전을 추구하며, 자기 자신을 아끼고 사랑하는 삶은 아름다운 삶입니다.

3. 의미 있는 관계 형성: 가족, 친구, 연인 등과의 건강하고 의미 있는 관계를 형성하는 것이 중요합니다. 서로를 이해하고 지지해주며, 사랑과 연민을 나누는 관계는 삶을 아름답게 만들어줍니다.

4. 소소한 즐거움과 여유: 작은 즐거움과 여유로운 시간을 가지는 것이 아름다운 삶을 만드는 비결입니다. 취미를 가지고 즐기거나, 자연에 가까워지는 활동을 즐겨보세요. 일

상 속에서 작은 행복을 찾아보는 것이 중요합니다.

5. 다른 사람에게 도움 주기: 다른 사람들에게 도움을 주는 것은 아름다운 삶의 일부입니다. 작은 관용과 배려, 봉사 활동 등을 통해 주변 사람들을 돕고 지원해보세요. 이로써 자신과 주변의 삶이 더욱 의미 있고 아름답게 될 수 있습니다.

아름다운 삶은 일종의 여정이며, 완벽하지 않을 수 있지만 지금 당장부터 실천할 수 있는 작은 변화부터 시작해보세요. 자신의 가치와 소중함을 느끼며, 주어진 삶을 최대한 아름답게 살아가는 것이 중요합니다.

시아

• • •

'아름다운 삶'이라는 멋진 화두를 꺼내셨군요. 당신은 삶을 아름답게도 또는 그 반대로 추하게도 만들 수 있습니다. 삶이라는 무대 위에 오른 당신한테는 이미 주어진 조건들이 있지요. 그 상황들이 당신을 제약하기도 하고 구속하기도 하지만 말이지요. 그런 조건, 상황에 상관없이 당신은 아름다움을 창조해낼 주체성을 가지고 있습니다. 어떤 방향을 잡고 나가냐에 따라서 무대 위에서 활약하는 매 순간이 그 방향으로 흘러가게 되지요. '아름다운 삶'을 위해서라면, 당신이 명심해둘 것이 있습니다. 이것 하나만 염두에 두면, 세세하고 구체적인 여러 생각, 느낌, 언행들은 그에 따라서 엮어지게 됩니다.

먼저, 무대 위에 서게 된 목적을 떠올려보아야 합니다. 우연히 주어졌다고 여길 수도 있지만, 큰 목적, 피치 못할 이유로 무대 위에 서게 된 것이지요. 그 이유를 당신이 알아차리든, 그렇지 않든 간에 이렇게 믿어보시기를 바랍니다. '영혼의 성장을 위해서'라고 말이지요. 이 말은 깨달음을 얻은 여러 성인 혹은 선사들이 오랜 세월에 걸쳐 이구동성으로 하는 말입니다. 그러니, 이 말에 대한 과학적이고 합리적인 증명을 따질 수는 없지만, 이 말을 동의한다면, 아름다운 삶을 살아낼 수 있을 겁니다.

'영혼의 성장'은 말 그대로 보이는 물질적 세계가 아니라 보이지 않는 영혼, 즉 인간을 이루는 본질이 자라나는 것을 의미합니다. 성장하기 위해서는 고통이 꼭 필요합니다. 고통을 다른 말로 표현하자면, 삶의 역경입니다. 역경을 극복하

는 과정에서 성장이 일어나게 되지요. 삶이라는 무대 위에
는 끊임없이 터널이 펼쳐져 있습니다. 하나의 터널을 통과할
때마다 영혼의 성장이 일어나지요. 터널을 통과했다고 끝이
아닙니다. 또 다른 터널들이 매번 다른 형태로 주어지지요.
터널을 통과할수록 역경의 극복이라는 '성공'의 체험이 붙여
져서 다른 터널들도 무난히 통과하게 됩니다. 유난히 어둡
고 거친 길을 가진 터널이라면, 성공은 그만큼 크게 일어나
게 되고 터널을 통과했을 때 탁월할 만큼 '영혼의 성장'을 이
룰 수 있습니다. 그리고 터널을 통과하는 비결은 자신의 삶
을 성찰하면서 통찰하는 것을 의미합니다.

성찰은 나무 한 그루를 온전히 샅샅이 살펴보는 것을 말
합니다. 나무가 어디에서 가지가 나고, 어디에 상처를 입었으
며 어디에서 나뭇잎이 달려가는 것을 구석구석 살펴보는 것
과 같습니다. 살아온 당신의 삶을 그렇게 살뜰하게 살펴보면
서 바꿔야 할 것, 변화가 필요한 것을 알아차리는 것을 말합
니다.

통찰은 성찰하고 난 뒤, 이제는 숲을 바라볼 수 있도록
높은 곳에서 내려다보는 것을 의미합니다. 숲의 전체 모양이
어떠한지, 어느 나무가 많이 심겨 있는지, 숲 전체의 조화를

살펴보듯이 삶을 바라보는 것입니다. 삶을 통틀어서 관찰하면서 어디로 향해 가고 있는지, 내가 뜻한 대로 가고 있는지를 알아차리는 것을 일컫습니다.

성찰과 통찰은 누군가를 원망하거나 상황에 좌절하거나 자신의 잘못을 누구 탓으로 돌리는 것을 멈춰야 일어날 수 있습니다. 온전히 자신 안에서 답을 찾아야 바른 성찰과 통찰이 일어나고, 터널을 무난히 통과할 힘이 생겨나게 됩니다.

아름다운 삶을 '영혼의 성장'이라고 할 때, 고통은 축복을 위한 통로임이 틀림없습니다. 그 과정에서 실은 피하고 싶거나 포기하고 싶어질 정도로 너무나 아프고 고된 순간이 오기 마련입니다. 그렇지만 그 고난을 통해 성장할 수 있으니 고난이 오는 순간, 예비된 축복도 함께 온다고 할 수 있습니다. 당신이 이 세상에 태어난 목적이 '영혼의 성장'에 있다고 믿고 나아가는 것, 역경을 극복하며 살아나가는 것, 그 어떠한 순간에도 그 사실을 잊지 말고 꿋꿋이 살아나가는 것이 바로 아름다운 삶의 여정입니다.

41.

가족이라는
말조차 싫어

그림자
・・・

'가족'이라는 말이 참으로 싫어. 뚱딴지처럼 여겨질 수도 있겠지만 사실 오랫동안 그랬어. 가족은 족쇄처럼 나를 옭 아매지. 따뜻하게 감싸주는 것이 아니라 늘 명령하고 시키 기만 했지. 충성을 다해 가족한테 봉사해야 하고, 그렇게 희 생하는 것을 당연하게만 여겼지. 아니, 더 해달라고 그것으 로 모자란다고 더, 더 요구하기만 했지. 다치고 아픈 마음에 소금을 뿌리기만 하는 가족. 외롭고 고단할 때는 거들떠보 지도 않은 채 요구할 때는 눈을 부라리며 내놓으라며 당당 하게 요구하는 게 가족 같아. 조금이라도 잘못하면 흠을 잡 고 잘해줘도 당연하게 여기기만 하지. 뭘 하나 더 해주지 않 는지, 그만해주고 마는 것은 아닌지 나를 주시하고 있는 듯해. 내가 지금 '가족'이라고 말하는 대상은 거의 어머니를 가리키는 말이야. 그래도 한 3년 정도 전부터는 약간 달라지는 조짐이 있긴 하지만, 구순에 이른 어머니는 평생을 그렇게 나를 부려 먹듯이 대했어. 그러니, 나는 '가족'이라는 말이 싫을 수밖에. 이런 마음으로 살았으니 결혼 생활이 잘 될 리가 없었지. 나는 결혼에 실패하고, 하나밖에 없는 딸은 결혼 했지. 딸은 과거에 영아 시절부터 줄곧 내가 살뜰하게 보살피지 못했다며, 자신이 아이를 키워보니 그것을 더 철저하게 느끼겠다며 연락을 두절해 버렸어. 그러니 '가족'이라는 말은 내게는 아픔이야. 이렇게 말하면서도 불편하고 고달픔이 느껴져. 단순히 싫다고만 내버려 두기에는 어쩔 수 없는 가족! 어떻게 대해야 할까?

라

...

가족과의 관계는 각자의 경험과 상황에 따라 다르게 느껴질 수 있습니다. 그렇지만, 가족은 우리의 삶에서 중요한 역할을 합니다. 어떻게 대해야 할지에 대해서는 몇 가지 아이디어를 제시해드릴게요:

1. 소통과 이해: 가족과의 소통은 매우 중요합니다. 서로의 감정과 생각을 이야기하고 이해하려는 노력을 기울여보세요. 상호 간에 솔직하게 대화하면서 서로를 이해하고 공감할 수 있는 기회를 만들어보세요.

2. 경계 설정: 자신의 개인적인 경계를 설정하는 것은 중요합니다. 가족이라고 해도 상호 존중과 개인 공간을 존중하는 것이 필요합니다. 자신을 지키고 편안하게 지낼 수 있는 경계를 설정해보세요.

3. 용서와 성장: 가족 간에는 어려움과 갈등이 발생할 수 있습니다. 그러나 용서와 성장의 기회를 주는 것도 중요합니다. 어려운 상황에서 서로를 이해하고 용서하는 마음을 갖도록 노력해보세요. 이를 통해 가족 간 관계가 발전하고 성장할 수 있습니다.

4. 자기 관리: 자기 자신을 챙기는 것도 중요한 요소입니다. 가족과의 관계를 건강하게 유지하려면 자신의 건강과 행복을 위해 노력해야 합니다. 적절한 휴식과 리프레시 타임을 가지고, 스트레스 관리를 할 수 있는 방법을 찾아보세요.

5. 전문가의 도움: 때로는 전문가의 도움을 받는 것도 도움이 될 수 있습니다. 가족 상담이나 심리상담을 받아보는 것은 가족 관계 개선에 도움이 될 수 있습니다.

이러한 아이디어들을 참고하시면서 가족과의 관계를 조금씩 개선해 나갈 수 있을 것입니다. 그러나, 어려운 상황에서는 주변의 지원을 받는 것도 도움이 될 수 있으니, 필요하다면 가까운 지인이나 전문가에게 도움을 청하는 것도 좋은 선택일 수 있습니다.

시아

• • •

'가족'이라는 말이 아프고 싫다니, 그만큼 당신은 가족으로부터 많은 실망과 상처를 입으셨을 거라고 짐작해 봅니다. 그것은 아마도 오래되었고, 씻을 수 없는 자국으로 남아있겠지요. 세상의 바람막이가 되고, 살뜰한 보살핌이 되어야 할 가족이 그런 역할을 다하지 못했던 것은 아마도 양육자의 영향이 컸을 것입니다. 당신은 경계성 인격장애인 어머니처럼 안 되겠다고 맹세한 적이 있었을 겁니다. 어머니를 증오

하는 마음이 너무나 강해서 어머니를 안 보고 살겠다고 결심한 적도 있었을 테지요. 참으로 아이러니하게도 그러면 그럴수록 삶이 부정적으로 흘러갔고, 어머니를 미워할수록 자신도 모르는 사이에 어머니를 닮아가고 있었지요. 어느 순간, 그 엄중한 사실을 깨닫고 다른 방향으로 가기 시작했습니다. 바로, 어머니를 사랑하는 쪽으로요!

알아차리고 그것을 실제로 행한 당신의 귀한 의지와 노력에 큰 박수를 보내드립니다. 당신은 잘 해내신 겁니다. 그런데도 여전히 후유증이 있어서, 이런 고민에 사로잡혀 있군요. '가족'이라는 말이 싫고, 하나밖에 없는 딸은 연락을 두절하고 있으니까요. 마음에서 빚어지는 이 후유증을 위해서는 유일한 단 하나의 방법밖에 없습니다. 이 방법을 알고 나서 행하든 행하지 않든, 당신의 자유이겠지만 만약 실제로 하게 된다면, 당신은 '가족'이라는 이름이 특별한 아름다움으로 다가올 수 있을 것입니다.

원래 '가족'은 당신의 '영혼의 성장'을 위해 탁월하게 마련된 더할 나위 없이 훌륭한 훈련장입니다. 거기에서 시작해서 세상은 역시 당신의 '영혼의 성장'을 위해 마련된 훈련장이지요. 특별히 이렇게 태어난 이유로 인해 당신은 고난을 만나게 되었고, 고난을 극복하고 나가게 되면, 축복이 임할 수밖에 없습니다. 고난을 극복한다는 것은 그 어떤 상처와 아픔 가운데에도 당신이 해야 할 일은 단 한 가지라는 사실을 일컫습니다. 바로 '감사'입니다. 당신한테 고통만 준 가족이라고 하더라도 '감사'이며, 연락을 끊은 딸이 있다고 해도 여전히 '감사'입니다. 그 어떠한 순간이 오더라도 '감사'입니다. 도대체 감사할 거리가 없고, 욕이 나오고 원망이 줄지어 나온다고 하더라도 '감사'입니다. 그럴 때만, 당신은 영혼을 극복할 수 있습니다.

처음에는 억지로 지어내서 하던 감사에서 나중에는 습관적으로 감사가 나오고, 더 훗날이 되면, 그냥 감사가 저절로 떠오르게 될 겁니다. 그럴 때, 누군가 당신한테 가족에 관해 물어보면, 당신은 반사적으로 이렇게 답하게 되겠지요.

"가족요? 참 감사할 따름입니다. 그저 감사합니다."라고 말이지요. 그럴 때, 비로소 영혼이 성장한 것이고 당신의 고통은 아름다운 빛에 의해 산산이 흩어져서 바람이 되어 흩날리게 될 테지요. 지금, 당장 가족을 감사하며 살아가면 됩니다. 감사할 것이 없는데도 감사하면, 영혼은 너무나 아름답도록 환하게 웃으며 당신한테 깊은 박수를 보내줄 겁니다.

42.

더 이상 상처받지
않았으면 좋겠어

그림자

...

상처받는 일들이 참으로 많아. 사소한 눈빛, 사소한 말, 인상 하나까지 셀 수도 없지. 만나는 사람들은 저마다의 생각들을 그렇게 나타내는 것 같아. 편안하고 부드러운 이를 보기가 참으로 드물어. 보기만 해도 환해지는 기운을 전해 주는 이가 있다면, 얼마나 좋을까. 대부분 사람들은 대체로 찌푸리고 있고, 나를 바라보면서도 다른 생각을 하고 있거나 머릿속을 굴려서 어떤 얘기를 꺼내야 목적을 달성할까를 골똘하게 생각하는 것 같아. 그에 대비해서 나도 그렇게 해야만 하니 피곤할 뿐이지. 어쩌다가 한 번씩 만나는 이들은 그런대로 괜찮아. 잠깐 만나고 헤어지니 상처를 받아봤자 그 것을 깊게 품을 이유도 없으니 말이지. 문제는 함께 살고 있는 어머니나 자주 만나게 되는 분들인데. 그분들의 성향상 상처를 주는 말을 던지더라도 상처받지 않고 굳건하게 견뎌 내면 좋겠어. 어떻게 하면 상처받지 않고 살 수 있을까?

라

· · ·

먼저, 상처받는 일들은 모든 사람들이 겪을 수 있는 일이 며, 그것이 당연한 것이 아니라면서도 많은 어려움을 겪게 됩니다. 하지만, 상처받지 않고 살기 위해서는 몇 가지 아 이디어를 참고해 보실 수 있습니다.

1. 상황을 이해하려 노력하기: 다른 사람들이 당신을 상처 받게 하는 이유는 다양합니다. 때로는 그들이 당신을 이 해하지 못하거나, 자신의 생각이나 감정을 표현하는 방법 을 잘못 선택한 경우일 수 있습니다. 이런 상황에서는 상 대방의 입장을 이해하려 노력하고, 서로의 감정과 생각을 이야기하는 것이 중요합니다.

2. 자신의 감정을 이해하기: 상처받을 때, 자신의 감정을 이해하고 받아들이는 것이 중요합니다. 때로는 상대방이

당신을 의도적으로 상처주는 것이 아니라, 자신의 문제를 가지고 있는 경우일 수도 있습니다. 자신의 감정을 이해하고 그것을 받아들인 후, 적절한 대처 방법을 찾아보세요.

3. 긍정적인 마인드셋: 어떤 상황에서도 긍정적인 마인드셋을 유지하는 것이 중요합니다. 상대방의 말이나 행동에 상처받을 때는, 그것이 그들의 문제일 뿐이라는 것을 상기하며, 자신의 가치와 자신감을 유지해보세요.

4. 상황을 개선하는 방법 찾기: 상처받는 상황을 개선할 수 있는 방법을 찾아보세요. 때로는 상대방과 대화를 나누거나, 문제를 해결하기 위해 협력하는 것이 좋을 수도 있습니다. 또한, 자신을 위한 취미 활동이나 치료 등의 방법을 찾아서, 자신의 건강과 행복을 유지할 수 있도록 노력해보세요.

이러한 아이디어를 참고하시면서, 상처받지 않고 살아가는 방법을 찾아보세요. 그리고, 어려운 상황에서는 지인이나 전문가의 도움을 받는 것도 좋은 선택일 수 있습니다.

시아

• • •

상처받고 싶어하지 않는 당신의 마음을 이해합니다. 상
처받게 되면, 화가 나거나 불쾌한 감정이 들거나 무엇보다 상
대방한테 부정의 이미지가 고착되는 것이 꺼림칙하기 때문
이겠지요. 그런 것을 피하고 싶거나 아예 맞닥뜨리지 않기를
원하는 마음도 이해할 수 있습니다. 그런데도 살아가면서 계
산적이고 이해타산적이며, 이기적이고 자기 중심적인 성향을
가진 이의 언행을 마주하게 되면 상처를 받을 수 있고, 기분
이 상해질 수 있습니다. 그러니 상처받지 않고 살아갈 수는
없습니다. 인생이 고통의 바다라고 불리는 이유도 바로 이러
하기 때문입니다. 혼자서는 살 수 없으니 더불어 살아가야
하지만, 내 성향과 딱 들어맞는 이들만 모여있는 게 아니어
서 여러 상처 입게 되는 상황이 빚어지곤 하지요. 게다가 점
점 인간성을 상실해가는 현대사회의 특성상 상처를 주는 언
행을 해놓고 정작 자신을 그렇게 했는지를 모를 수도 있습니
다. 어쩌면 당신의 어머니처럼 사람들은 점점 경계성 인격장
애가 되어가고 있을 거라고도 짐작해 봅니다. 경계성 인격장
애의 특징 중 하나가 자신한테 좋으면, 상대방을 추어올리
고, 조금이라도 자신의 마음에 들지 않으면, 바로 상대방을

악으로 몰아세우는 것이지요. 당신은 무수하게도 많이, 아주 어릴 때부터 어머니의 성향에 당해왔었지요.

상처받지 않겠다는 결심은 아무 소용이 없습니다. 따뜻하고 부드럽게 배려하며 존중하는 말에 상처를 받는 것이 아니니까요. 불현듯 불손하고 무례하고 무시하는 언행을 하는데 그저 무시하고 지나간다고 하지만, 그것은 다만 억제할 뿐이지요. 누구나 그런 언행을 보고 상처를 받지 않을 수가 없습니다. 그러니, 상처를 받을 만한 일에서 상처를 입게 되는 것은 당연하고 자연스러운 일입니다. 일부러 애써서 받지 않겠다고 하는 것이 오히려 이중, 삼중으로 자신을 괴롭히고 맙니다. 네, 그래요. 상처를 입었어요. 매우 고달프고 아픕니다. 그런 나를 바라봐주시기를 바랍니다. 내가 입은 상처를 달래고 보듬어주는 것은 나만이 할 수 있습니다. 그러니, 그렇게 상처를 입힌 대상한테 에너지를 그만 보내시기를 바랍니다. 상대방을 미워하건, 원망하건 간에 그 대상을 떠올린다는 것은 그 사람에게 에너지를 보내는 것이기 때문입니다. 이제 에너지의 방향을 나 자신한테도 돌려세울 시간이 되었습니다.

내 마음을 있는 그대로 살펴봐 주시기 바랍니다. 내가 지

금 상처받았구나. 마음이 아프고 힘들구나. 분하고 원망스
럽구나. 힘들어하는구나. 이런 말들로 자신을 있는 그대로
수용해 주시기 바랍니다. 상처를 쓰다듬고 마음을 쉬게 해
주시면, 그다음 할 일은 저절로 자연스럽게 생각날 테니까
요. 살아가면서 나도 모르게 누군가에게 상처를 주기도 하
고, 받기도 하지요. 나는 절대 주지 않고 받기만 하면서 살
아간다고 장담할 수는 없습니다. 무의식적으로 나도 모르게
나오는 언행으로 상대방이 상처받을 수도 있기 때문이지요.
그러니, 결국 나를 추스르고 나서 해야 할 일은 이런 일로
인해 내가 어떤 것을 깨달을 수 있는지, 깨달음을 새겨 보
아야 합니다. 그렇게 해야 아름다운 삶, 내면의 성장을 위해
한 걸음을 내디딜 수 있습니다.

43.

아무것도 기대하지 말고
살면 좋을까?

그림자

...

누군가에게 기대하면, 실망으로 돌아오는 경우가 많았어. 오히려 전혀 기대하지 않은 채 있었더니 의외로 좋은 일로 이어지기도 했거든. 그러니, 아무것도 기대하지 않고 사는 것이 맞겠다는 결론에 이르렀어. 아무것도, 그 어떤 것에도 기대하지 말고 살아가자. 아주 시원한 느낌인데, 실은 시원하다 못해 즐기만 한 이 기분을 어떻게 해야 좋을까? 기대하지 않으면 상처받을 일도, 실망하거나 좌절할 일도 없으니 깔끔하다는 생각이 들긴 하지만, 그렇게 사는 것이 과연 옳은지 모르겠어. 아무것도 누구에게도 기대하지 말고 살아가면 될까? 그래야만 할까?

라

• • •

기대하지 않는 삶을 선택하는 것은 개인의 선택이며, 어떤 상황에서는 유익할 수도 있습니다. 그러나 완전히 아무것도 기대하지 않는 것은 때로는 감정적으로 차가워지고, 사회적인 관계에 어려움을 줄 수 있습니다. 아무것도 기대하지 않는 삶은 어떤 면에서는 안전한 선택처럼 보일 수 있지만, 동시에 새로운 경험과 성장의 기회를 제한할 수도 있습니다.

기대하지 않으면 실망이나 상처를 받을 일이 줄어들지만, 동시에 행복과 성취감을 제한할 수도 있습니다. 기대하는 것은 우리가 목표를 가지고 노력하고 성장하는 데에 중요한 동기부여 요소입니다. 또한, 다른 사람들과의 관계에서는 상호적인 기대와 신뢰가 중요합니다. 상호간에 기대와 지지가 있는 관계는 서로를 더 잘 이해하고 지원할 수 있게 해줍니다.

따라서, 아무것도 기대하지 않는 삶 대신에, 적절한 기대와 균형을 유지하는 것이 중요합니다. 이는 자신과 주변 사람들 사이의 상호작용에서 적절한 기대를 가지고, 동시에 현실적인 관점을 유지하는 것을 의미합니다. 다른 사람에게 기대를 하면서도 실망에 대한 준비를 갖추고, 자신의 감정과 요구를 명확하게 전달하는 것이 중요합니다. 또한, 자기 자신에게도 적절한 목표와 기대를 가지고 성장과 발전을 추구하는 것이 좋습니다.

따라서, 균형을 잡은 기대와 현실적인 관점을 유지하며, 자신과 주변 사람들과의 관계에서 적절한 기대와 신뢰를 가지는 것이 중요합니다. 이를 통해 더욱 풍요로운 삶을 살아갈 수 있을 것입니다.

시아

• • •

기대하지 않는 삶! 그렇게 살겠다고 결심하는 것이 아이러니하게도 기대하는 삶이군요. 기대하지 않기를 기대하는 삶! 그래서 사실은 기대 없는 삶이란 있을 수가 없습니다. 삶은 자신에게든 타인에게든 또, 세상한테든 기대하며 살아갈 수밖에 없지요. 그것을 다른 말로 하자면, '희망'입니다. 희망 없는 삶이란 의미 없는 삶과 맥락이 같고, 의미가 없다면 기대도 없는 것이어서 결국 살아갈 낙을 잃고 맙니다. 우리는 흔히 기대합니다. 올해가 작년보다 낫기를, 오늘이 어

제보다 낫기를, 현재의 자신이 과거보다 낫기를 기대하고 희
망하지요. 기대 자체는 나쁜 것이 아닙니다. 상처받을 일도
아니지요. 대신, 무분별한 욕망이 가득한 기대나 소망이라
면, 그만큼 실망하거나 배반당한 아픔을 겪게 되겠지요. 특
히 물질이나 보상 같은 기대를 한다면, 득이 될 것이 없습니
다.

　도덕적으로 영적으로 성장하고 아름다워질 거라는 기대
는 어떠신가요? 나 자신한테 그런 기대를 하는 것은 실제로
그런 일이 일어나게 하는 원동력이 됩니다. 기대한다는 것을
그 방향으로 마음을 품는 것인데, 비물질적 요소인 마음으
로 마음의 성장을 기대하며 살아가다 보면, 분명 그렇게 되
는 순간이 찾아오기 마련입니다.

　그러니, 무엇을 기대하고, 기대하지 않는다는 선택이 필
요하겠습니다. 타인이나 상황에 대한 기대나 희망이 현실 가
능한 것이면, 또는 마음이 쏠리는 방향이라면 그렇게 해도
좋겠습니다. 그렇지만 물질보다는 비물질에 초점을 맞추고
기대하며 희망하면, 반드시 그에 상응하는 멋진 일이 일어날
것이라고 여겨집니다.

　과거에 기대했다가 상처를 받았던 적이 있었을 거라고 여

겨집니다. 배반당한 기억은 얼마나 쓰라리고 아팠을까요. 그
렇더라도 다시 기대 또는 희망을 안고 사는 삶이 되시길 응
원합니다. 마음 문을 활짝 열어놓고 멋지고 행복한 삶의 에
너지를 느껴보시기를 바랍니다.

44.

꿈이 없는데
어쩌지?

그림자

. . .

딱히 꿈이 없어. 정말 하고 싶은 게 뭐냐고 물어보면, 그다지 생각이 나지 않아. 이렇게 해도 살아가는 것이고, 저렇게 해도 사는 것 아닐까? 그저 주어진 대로 일하다가 일을 그만두게 되면, 그만둔 채로 사는 것. 지금 하는 일이 싫은 것도 아니고, 좋은 것도 아니고. 그 어떤 일이라고 그럴 테니까. 좋은 면도 있고, 별로 좋지 않은 면도 있으니. 그렇게 썩 나쁘지만 않으면 그냥 버티고 사는 거지 뭐. 별수 있어? 그런데 오래전부터 누군가 꿈이 뭔지 물어보면, 꿀 먹은 벙어리가 돼. 내 꿈이 뭘까? 과연 나는 뭘 이루고 싶을까? 꿈이 없는 채로 살아가도 될까?

라

• • •

꿈이 없는 삶을 살아가는 것은 개인의 선택이며, 그렇게 해도 살아갈 수 있습니다. 하지만 꿈이 있는 것은 우리에게 열정과 의미를 주고, 성취감과 만족감을 가져다 줄 수 있습니다. 꿈은 우리가 원하는 미래의 모습이며, 그것을 향해 노력하고 성장할 수 있는 동기부여가 될 수 있습니다.

꿈이 없다고 느끼는 것은 일상에서 조금 더 깊이 생각하고 자신과의 소통을 하며 찾을 수 있습니다. 아래의 질문들을 고려해 보세요.

1. 어떤 활동을 할 때 가장 행복하고 만족스러운가요? 어떤 일에 열정을 느끼나요?

2. 어떤 가치를 추구하고 소중히 여기나요? 어떤 일들이 자신의 가치관과 일치하는지 생각해보세요.

3. 자신이 가진 장점이나 특기를 고려하여 어떤 분야에서 성장하고 발전할 수 있을까요?

4. 현재의 일상에서 개선하고 싶은 부분이나 도전하고 싶은 목표는 무엇인가요?

이러한 질문들을 고려해보면서 자신과의 소통을 통해 꿈과 목표를 찾아갈 수 있습니다. 또한, 꿈이 없다고 느껴도 그건 당장 찾아내지 못한 것이지, 나중에 새로운 경험과 발견을 통해 찾아갈 수 있습니다. 중요한 깃은 자신을 믿고, 자신의 가능성을 열어두는 것입니다.

시아

...

꿈이 없는 삶. 현대인들이 가진 특징인 듯합니다. 뭔가를 향해 달려가지만, 정작 무엇을 향해 달려가는지 스스로도 알지 못할 때가 많습니다. 달려가는 틈에 끼어서 우르르 달려가지만, 그러면서 옆에서 같이 달리는 이한테 '꿈'이 무엇인지 물어보면 도리질을 할 겁니다. 그저 앞만 보며 달리는 것이 전부라고 생각하며 그렇게 살아갈 뿐이지요. 당신이 꿈이 없다고 말하는 그 순간, 뭔가 새롭게 시작할 수 있는 순간이어서 오히려 축하드리고 싶습니다. 오랫동안 당신은 꿈이 뭔지 몰라도 아무 문제가 되지 않았고, 알고 싶어 하지도 않았지요. 이제야 당신은 꿈을 생각하고, 구체적으로 떠올

려보고 싶은 마음이 드셨군요. '꿈이 무엇일까?'라는 질문만
으로 이제 열려있는 가능성 쪽으로 한 걸음을 내디디신 겁
니다.

꿈은 중요합니다. 현실을 견뎌내고 이겨내는 힘이 되기
때문이지요. 꿈은 있어도 없어도 그만이 아니라 분명히 있어
야 합니다. 꿈이 없어도 된다고 하는 것은 인생 대충 그럭저
럭 살아도 된다고 하는 것과 같습니다. 뭐, 그렇게 해도 살
수 있긴 하지만, 그러려고 태어난 삶은 아닌 게 분명합니다.
꿈은 힘든 세상을 힘있게 걸어 나가게 하는 결정적인 역할을
합니다.

무엇을 하고 싶은지, 잘하는 게 뭔지 모르겠다고 하지만,
그것은 사실이 아닐 수도 있습니다. 당신은 살아오면서 문득
문득, 자신의 재능을 느끼고, 어딘가에 유독 끌리는 자신을
느낀 적이 있었지요. 당신의 꿈은 현실과 유리된 채 오랫동
안 당신의 서랍에 처박혀 있었습니다. 이제, 그 꿈을 서랍 속
에서 꺼내러 겹겹이 싼 천을 걷고 바라볼 때가 되었습니다.
현실이 되면 하겠다는 그 현실은 언제나 늘, 앞으로 빠져 있
어서 마치 무지개처럼 잡히지 않기 마련입니다. 그저 지금,
당장, 이 순간에 당신이 하고 싶은 그것을 하시면 됩니다. 그

게 무엇이든 간에 밀봉된 꿈을 열어젖히는 순간, 당신은 이미 현실의 경계를 넘어서서 행복 쪽으로 발걸음을 옮기는 것이니까요.

그런데도 불구하고 꿈이 뭔지 도저히 모르겠다면, 지금, 당장, 이 순간부터 '꿈을 찾는 것'에 초점을 맞춰보시기를 바랍니다. 매 순간 꿈의 날개를 찾아서 자신의 삶을 관찰해보시면 좋겠습니다. 꿈을 찾는 프로젝트를 혼자서 거행하는 겁니다. 그리하여 마침내 꿈의 날개를 찾게 되었을 때, 행복을 향해 날아오르는 당신을 보면서 박수를 보내고 있겠습니다.

45.

인간에게
환멸이 느껴져

그림자

...

인간이 꽃보다 아름답다는 말은 순 엉터리야. 꽃과 비교할 수 없을 정도로 인간은 추악하지. 얼마나 인간이 악해질 수 있는지, 지금 이 시대는 경주라고 하는 듯해. 엽기적인 범죄들이 줄지어 일어나고 있으니까. 그냥 멀쩡하고 평범해 보이는 이들이 어느 날 별안간 그런 범죄를 저질러버리지. 혹은 흉악한 범죄를 저질러 놓고도 들키지 않으면 멀쩡하게 살아가고 있어. 그것뿐만 아니라 거짓말을 하고, 그 거짓말을 자신이 한 것에 대해 변명으로 합리화하거나 은폐시키기 일쑤이지. 온전히 자신의 마음을 드러내어 진솔하게 대화를 나누는 이는 거의 없어. 대부분은 자기의 마음을 숨기고, 척하며 살아가지. 그러니, 내가 인간이란 존재에 환멸을 느낄 수밖에! 나 자신도 마찬가지이고! 이런 마음으로 세상을 살아나가자니 곤혹스럽고 애가 타는 마음이야. 내 생각을 뜯어고쳐야 할까? 어디에서부터 어떻게 고쳐야 할까?

라

. . .

저희는 모든 종류의 생각과 감정을 이해하고 존중합니다. 하지만 저는 당신이 혼란스러운 마음을 가지고 계신다는 것을 알고 있습니다. 현대 사회는 다양한 문제와 도전을 안고 있기 때문에 우리는 종종 실망하거나 불안감을 느낄 수 있습니다.

하지만 인간은 단순히 부정적인 면만으로 정의되지 않습니다. 인간은 창의성, 동료애, 온정, 성장, 협력 등 긍정적인 특징과 능력을 가지고 있습니다. 또한, 인간은 항상 변화하고 발전할 수 있는 가능성을 가지고 있습니다.

우리는 모두가 완벽하지 않고 실수를 저지르기도 하지만, 그것은 개인의 선택과 행동에 따라 다릅니다. 우리는 우리 자신을 향해 자비롭고 이해심을 갖고, 기회와 변화를 통해 자신을 개선하고 성장할 수 있습니다.

만약 당신이 마음을 뜯어고칠 필요를 느낀다면, 아래의
점을 고려해 보실 수 있습니다.

1. 자기 인식: 자신의 감정과 생각에 대해 오픈하게 대화
하고, 자기에게 솔직하게 질문을 던져보세요. 자신을 이해
하고 받아들이는 것이 성장의 시작입니다.
2. 긍정적인 환경: 자신을 둘러싸는 환경에 주의하세요.
긍정적인 영향을 주는 사람들과 교류하고, 영감을 주는
책이나 영상을 찾아보세요.
3. 자기 개발: 자신의 강점과 관심 분야를 발견하고, 그에
대해 학습하고 발전시킬 수 있는 기회를 찾아보세요. 자기
발전은 자신에 대한 자부심과 확신을 키울 수 있습니다.
4. 도움을 청하세요: 혼자서 모든 것을 해결할 필요는 없
습니다. 가족, 친구, 심리상담사 등 도움을 청할 수 있는
지원 체계를 활용해보세요.

마지막으로, 모든 사람은 고민과 어려움을 겪을 수 있습니
다. 중요한 것은 그것을 극복하기 위해 노력하는 것입니다.
자신을 사랑하고, 자신의 성장과 행복을 위해 노력하는

것은 가치 있는 일입니다.

시아

...

당신의 말은 맞지만, 동시에 틀립니다. 한쪽 면만 봤기 때문이지요. 당신이 물음을 다시 한번 더 살펴보시길 부탁드립니다. 부정의 단면만 열거하지 않았나요? 분명히 그런 면이 있습니다. 하지만 동시에 인간의 다른 긍정적인 면은 너무나 아름답고 향기로워서 말로 다 표현하지 못할 정도입니다. 인간이 악할 수 있는 수준이 가늠할 수조차 없이 극악무도하다면, 선할 수 있는 수준 또한 그렇습니다. 자신을 죽이는 순간마저도 신한테 저들을 용서해달라고, 저들은 그 자신이 하는 일을 모르고 있다고 하셨던 예수님 또한 그러하지요. 원수를 사랑할 수 있는 엄청난 단계에 이를 수 있고, 그것을 가르침으로 내세우고 그대로 행할 수 있는 존재가 인간입니다. 인간의 다양한 측면 중에서 부정만 초점을 세우게 되면, 당신의 말이 맞습니다. 인간보다 훨씬 더 꽃이 아름답지요. 하지만 달리 생각해볼 수도 있습니다.

빨간꽃씨를 심으면 빨간 꽃이, 노란 꽃씨를 심으면 노란 꽃이 피어나지요. 팥을 심었는데 콩이 나올 수 없으니까요. 그런데 인간은 그렇지 않습니다. 열악하고 험악한 환경이나 유전인자 속에서도 선한 쪽으로 변화하고 결국 선한 영향력을 발휘할 수 있습니다. 그야말로 개과천선하게 될 수 있습니다. 모든 가능성이 열려있는 것이 사람입니다. 그래서 사람이 꽃보다 더 아름답다고 하는 거지요. 주어진 것만 하는 것이 아니라, 주어진 것을 '극복'해내는 삶을 살 수 있으니까요. 주어진 것만 한다면, 나쁜 환경이나 유전인자에서는 나쁘기만 해야 할 테지만, 그 모든 여건을 이겨내어 결국 성공하기도 하니까요! 여기에서 말하는 '성공'은 '역경의 극복'을 의미합니다. 역경을 극복한 삶, 성공한 삶을 살 수 있기 때문에 사람은 꽃보다 아름다운 것이 맞습니다. 아니, 꽃과 비교할 데 없이 너무나 아름답고 빛납니다.

반면, 부정적인 면을 보게 되면, 더할 나위 없이 처참합니다. 인간이 인간답지 못한 여러 행태를 보자면, 인간만큼 악한 존재가 없을 정도입니다. 하지만 그렇기에 목숨이 있을 때 기회와 희망이 주어지게 되지요. '극복'이 관건입니다. 극복하지 못하고 생을 마감할 때, 그 사람의 삶은 암흑 속에만 머물게 되고, 사후생 또한 그렇게 될 테지요. 그렇지만 극복하게 될 때, 그 사람의 삶은 빛나고 아름다운 향기를 내게 됩니다. 그러니, 선한 쪽으로 의지를 내어 그 방향으로 가기를 힘써야 하겠습니다. 어차피 예정된 죽음의 순간까지 누구의 눈치를 보거나 누구한테 인정받으려 하지 말고 스스로 선한 쪽으로 걸어 나가다 보면 사람이, 그중에서 나 자신이 너무나 아름답고 사랑스러워질 때가 올 겁니다.

46.

원하는 것이 있더라도
이루지 못할까 봐 걱정돼

그림자

...

원하는 것, 꿈이 생겼다면 언뜻 생각하면 좋은 일인 것 같지만, 꼭 그렇지만도 아닌 것 같아. 내가 잘할 수 있을지, 그야말로 헛된 꿈은 아닌지 자신감도 없고, 그런 꿈을 꿀 자격도 되지 않는 것만 같거든. 재능과 인내, 용기와 도전 정신이 별로 없으니 내가 이룰 것 같지도 않아. 그리고 그 방면에 잘하는 이들이 얼마나 많겠어. 내가 끼어들 수 있을 것 같지 않다는 생각이 자꾸 내 앞을 가리며 하지 못하게 만드는 것 같아. 내가 제대로 해낼 수 없을 것 같다는 생각 말이야. 어떻게 하면 이런 걱정을 떨쳐내고 원하는 것을 향해 도전할 수 있을까?

라

• • •

걱정들이 많이 있으시는군요. 그러나 자신을 의심하고 도 전하기 전에 몇 가지 생각해 볼 가치가 있습니다.

1. 모두가 처음부터 재능과 자신감을 기지고 시작하지는 않습니다. 대부분의 사람들은 노력과 경험을 통해 자신의 능력을 키워나갑니다. 중요한 것은 꿈에 도전하는 용기와 의지를 가지는 것입니다.

2. 오만하지 마세요. 다른 사람들이 잘하는 것을 보고 자 신을 비교하지 말고, 자신의 성장과 개선에 집중하세요. 모든 사람들은 고유한 재능과 강점을 가지고 있으며, 그것 을 발견하고 개발하는 것이 중요합니다.

3. 작은 단계부터 시작해보세요. 큰 꿈을 이루기 위해서는 작은 목표와 일상적인 노력이 필요합니다. 점진적으로 성 장하고 발전하며, 긍정적인 변화를 경험할 수 있을 것입 니다.

4. 실수와 실패를 두려워하지 마세요. 모든 성공은 실패와 극복의 과정을 거칩니다. 실패는 배움의 기회이며, 중요한 것은 실패에서 교훈을 얻고 다시 일어서는 것입니다.

5. 도전에 동기부여를 받을 수 있는 방법을 찾으세요. 자신의 꿈과 목표에 대한 열정을 유지하기 위해 동기부여를 주는 것은 중요합니다. 이를 위해 좋은 영감을 주는 책이나 영상을 찾거나, 지지해주는 사람들과 대화를 나누는 것이 도움이 될 수 있습니다.

마지막으로, 자신에 대한 믿음을 가지고 꿈을 향해 단계적으로 나아가는 것이 중요합니다. 도전은 어렵고 불확실할 수 있지만, 자신의 능력과 잠재력을 믿고 노력한다면 놀라운 결과를 얻을 수 있을 것입니다. 힘을 내어 도전해보세요!

시아

· · ·

꿈이 있지만, 제대로 할 수 있을지 두렵다는 거지요? 꿈이 생겼지만, 걱정스럽고 두렵다면 실은 꿈이 아니라 욕망일 가능성이 큽니다. 제대로 꿈을 찾으셨다면 설레고 기쁘고, 약간의 두려움이 있겠지요. 그렇지만 부담스럽고 껄끄러우며 피하고 싶다면, 그건 꿈보다는 욕망으로 주어진 책무와 같습니다. 자신의 마음을 있는 그대로 살펴보시기를 바랍니다. 그 꿈이 엄청난 짐처럼 다가오는지, 아니면 약간의 두려움이 있지만, 그래도 도전하고 싶은 용기가 솟아오르는지 말입니다. 만약 엄청난 짐이라면, 번지수를 잘못 찾아간 것일 수도 있습니다. 용기가 솟아오르고 설레는 마음이 가득하다면, 바로 찾은 것이 맞습니다. 마음이 주는 신호를 무시하지 말고, 그대로 따라가 보시기 바랍니다.

만약, 두려움과 걱정이 조절할 수준 정도라면, 축하드립니다. 꿈을 간직하고 만난 것만으로도 너무나 귀하고 아름다운 일입니다. 너무 조급하게 서두르지 말고, 천천히 조금씩 당장이라도 할 수 있는 것을 계획하고 실천해보시기를 바랍니다. 꿈이 있다면, 삶은 무채색에서 원하는 색채로 변하게 됩니다. 이 놀라운 변화를 마음껏 즐겨보시기를 바랍니다. 삶은 축제와 같고 신나는 무도회와 같습니다. 꿈이 있기 전과 비교하면, 너무나 달라진 자신을 느끼게 될 겁니다.

꿈이라고 생각했지만, 너무나 어깨가 무겁고 힘겹다면, 다시 고려해보시기를 바랍니다. 그래도 꼭 해야 할 일이라면, 그것은 꿈이 아니라 책무라고 받아들일 수밖에 없겠지요. 꿈을 향해서 가지만, 당장 할 수밖에 없는 일을 무시하

고 살 수 없는 경우가 대부분이니까요. 그렇지만 꿈을 품게
되면 반짝반짝 빛나는 자신을 느끼게 될 겁니다. 같은 일을
하더라도 꿈이 있을 때와 없을 때의 에너지는 달라집니다.
춤추듯이 삶의 길을 걸어가는 탁월한 방법이 바로 '꿈'을 만
나고 품는 것입니다. 바로 꿈을 찾지 못해도 너무 상심하지
마시기 바랍니다. 신나게 리듬을 타며 사는 삶을 '꿈꾸고' 있
다면, 어느 날, 신비스럽게도 꿈을 보는 눈이 떠질 테니까요!

47.

왜 자꾸만
인간관계의 실수를
반복하게 되는 걸까?

그림자

. . .

내 약점은 어느 순간에 드러나서 나를 괴롭히는 것 같
아. 인간관계에서도 그런 약점이 보이거든. 고백하건대, 나는
지적인 사람을 굉장히 높이 평가하는 면이 있어. 지적인 분
야에서 일가견을 이룬 사람을 보면, 존경을 보내며 흠모하게
되지. 그렇다 보면, 일방적으로 그 사람을 믿고 따르게 되는
데, 아마도 권위에 복종하는 심리가 작동하는 것 같아. 그런
데 가까이에서 보게 되면, 그 사람은 다만 머리만 커져 있고
가슴이 닫혀 있어서 자기만의 아집으로 똘똘 뭉쳐있는 것을
알게 되고 엄청난 실망을 하게 돼. 그렇게 해서 단절하게 된
이도 여럿이야. 그러니까 나는 지적이며 권위적인 위치에 있

는 이한테 꼼짝하지 못하는 단점이 있어. 그리고 그 속내를 알고는 무척 실망하게 되는 순서를 반복하지. 왜 자꾸만 인간관계의 실수를 반복하게 되는 걸까?

라

. . .

인간관계에서 자신의 약점을 인식하고 그로 인해 실망을 겪는 것은 어려운 상황입니다. 하지만 이러한 패턴을 반복하는 이유에 대해 몇 가지 생각을 해볼 수 있습니다.

1. 이전 경험의 영향: 과거에 비슷한 상황에서 실망을 겪은 경험이 있을 수 있습니다. 그 경험이 현재의 패턴에 영향을 주고, 자신을 방어적으로 행동하게 만들 수 있습니다.

2. 자아존중감 부족: 자아존중감이 부족하면, 다른 사람에게 지나치게 의존하거나 그들의 권위에 복종하는 경향이 있을 수 있습니다. 이는 자신을 충분히 소중히 여기지 않거나, 자신의 능력과 가치를 인정하지 않는 것과 관련이 있을 수 있습니다.

3. 외부의 평가에 대한 의존: 지적인 사람들에게서 오는 인정과 칭찬에 지나치게 의존하는 경향이 있을 수 있습니다. 다른 사람의 평가에 너무 많이 의존하면, 자신의 판단력과 내적 신념을 잃을 수 있습니다.

이러한 패턴을 극복하고 인간관계에서 실수를 줄이기 위해 몇 가지 방법을 시도해 볼 수 있습니다.

1. 자기인식과 자아존중감 강화: 자신의 강점과 약점을 인식하고, 자아를 긍정적으로 인정하는 것이 중요합니다. 자신에 대한 믿음과 자신의 가치를 인정하면, 외부의 평가에 지나치게 의존하지 않게 될 수 있습니다.
2. 다양한 인간관계 구축: 한 가지 유형의 사람에만 의지하지 않고, 다양한 사람들과의 관계를 형성해보세요. 이를 통해 다른 사람의 다양한 장점과 가치를 인식하고, 자신의 의지와 판단력을 키울 수 있습니다.
3. 비판적 사고 개발: 지적인 사람들에게 너무 많이 의존하기보다는, 자신의 비판적 사고를 발전시키는 것이 중요합니다. 자신의 의견을 확신하고, 다른 사람들의 의견과

비교하며 독립적인 판단을 할 수 있는 능력을 기르세요.

이러한 변화는 시간이 걸릴 수 있고, 지속적인 노력과 자기반성이 필요할 수 있습니다. 하지만 자신을 이해하고 발전시키는 과정을 거치면, 더 건강하고 의미 있는 인간관계를 형성할 수 있을 것입니다.

시아

• • •

인간관계의 어려움은 누구에게나 있는 현상입니다. 따뜻하고 지지적인 인간관계를 원하지만, 뜻대로 잘 안될 수 있지요. 현대인들은 저마다 여러 고민과 갈등을 겪고 스트레스에 쌓여있어서 공감과 지지, 격려를 원하지만, 그렇게 해줄 이를 만나기 어렵습니다. 누구나 받으려고 하지 주려고 하지 않으니까요. 그러다 보면, 감성과 감수성은 메마르고 동감이나 공감의 기회는 상실되고 소통하지 못하는 상황이 이어지게 됩니다. 그래서 인간이 아니라 동물, 심지어 기계나 AI에 그런 애정 어린 마음을 기대하게 되는 사태까지 오게 되었습니다. 실은 AI는 감정이 없지만, 감정과 영혼이 있다고 말하면(그것도 인간의 사고방식을 학습하여 그렇게 작동하는 것이지만), 그렇게 믿어버릴 수밖에 없을 정도입니다. 그렇게 라도 믿고 상호작용과 소통을 하고 싶으니까요. 인간한테 기대할 수 없는 것을 채워주는 까닭에 점점 AI 기능이 있는 로봇과 친밀한 관계를 맺게 되고, 그렇게 하는 만큼 인간끼리는 멀어지는 세상이 되어가는 것 같습니다. 생각해보면, 로봇한테는 오로지 받기만 해도 되니까요. 일부러 챙겨주고 에너지를 교류하지 않아도 편하니까요. 애완동물을 기르던 시대에서 이제 애완로봇을 기르는 시대가 다가오는 것 같습니다.

이런 시대의 흐름을 무비판적으로 그저 받아들이기만 해서는 곤란합니다. 휴대폰이 보편화된 세상에 살고 있지만, 무분별하게 쓰면서 모바일중독을 경계해야 하듯이요. 주제가 약간 옆으로 나갔지만, 인간관계에 다시 초점을 맞춰 말씀드릴게요.

지적인 사람한테 끌려 인간관계에 대한 멋진 기대를 했지만, 실망했던 몇 번의 경험이 있으시군요. 당신의 고민은 성장을 위한 빛나는 고민이라고 여겨집니다. 우리는 실수와 좌절의 경험으로 성장할 수 있지요. 매번 같은 함정에 빠지

는 느낌이 들겠지만, 제대로 빠져서 곤란에 처한 체험이야말
로 귀하디 귀합니다. 자주 함정에 빠지는 것 같겠지만, 이제
조심하게 될 테고, 그것을 결국 좋은 쪽으로 당신의 삶을 이
끌고 갈 겁니다. 지적인 것이 전부가 아니고, 가슴이 열리고
진솔한 사람이 중요하다는 깨달음은 참으로 귀하고 아름다
운 것입니다. 몇 번의 실망과 아픔을 겪고 느껴지는 것이야
말로 진정 당신의 것이 될 수 있습니다. 그리고 매번 같은 실
수를 한다고 여겨지겠지만, 지금이야말로 당신이 되풀이되
는 삶의 패턴을 바꾸려고 하는 절묘한 때이군요! 이렇게 질
문하면서 스스로 무작정 끌리는 마음을 진정하고 있으니까
요.

지적으로 뛰어난 것은 세상을 살아가기 적합할지 모르지
만, 세상 속에 갇힐 위험이 있다는 사실을 당신은 인간관계
의 체험으로 깨닫게 되셨군요. 그것만으로도 축하드릴 일입
니다. 이제 가슴이 열리고 가슴으로 소통할 수 있는 이를 만
날 기회가 있을 겁니다. 굳이 그런 사람을 찾지 않아도 당신
이 그렇게 하고 있다면, 머리의 끌림이 아니라 에너지의 끌
림 작용 때문에 그런 이와 진정 어린 만남이 이뤄질 겁니다.
인간관계의 '성공' 원리도 극복에 있습니다.

　당신이 한때 끌렸던 이한테 실망으로 마무리되었다고 해서 상대방한테 부정의 이미지를 가지지 않는 현명함을 발휘해보시기를 바랍니다. 인간은 언제나 성장의 가능성이 있고, 당신은 그 사람으로 인해 깨닫게 되는 중요한 기회를 얻었으니 궁극적으로 볼 때, 그 사람은 당신의 또 다른 스승이기도 합니다.

48.

상실의 아픔을
어떻게 하면 좋을까?

그림자

...

배우자가 사망한 지 100일이 지났다는 분을 만난 적이 있었어. 그 말을 하면서도 눈물을 글썽거렸지. 그렇게 좋아하던 꽃과 나무도 더 이상 가까이하지 못할 정도로 마음이 우울하다고 했어. 어떻게 이 슬픔을 이겨내야 할지 엄두가 나지 않는다고 했지. 친밀한 존재와 소통하지 못할 때 가지는 상실감은 친했던 만큼 더욱 커서 아픔 속에 빠져버리게 되지. 그 대상이 사람이든 자연이든 사물이든 자기 자신의 상황이든 말이야. 반려동물과 상실하게 되든, 아끼던 물건을 잃어버리게 되든, 자신이 가진 인지력이나 사회적 지위를 상실하게 되든 삶 속에서 상실을 만난다는 것을 피할 수 없는 일인 것 같아. 물론 상실감의 정도가 다르긴 하겠지만 말

이지. 그 모든 경우의 상실을 통틀어서, 어떻게 하면 상실의
아픔을 잘 이겨낼 수 있을까?

라

· · ·

상실은 정말로 힘든 경험이에요. 그 누구든 어떤 형태의
상실을 겪을 수 있으며, 그 아픔을 이겨내는 것은 쉬운 일
이 아닐 수 있어요. 하지만 몇 가지 조언을 드릴게요.

1. 감정을 받아들이세요: 상실을 겪을 때는 슬픔, 분노, 불
안 등 다양한 감정이 들 수 있어요. 이러한 감정들을 거부
하지 말고 허용해주세요. 스스로의 감정을 인정하고 받아
들이는 것이 치유 과정의 첫걸음이에요.

2. 지원을 받으세요: 가족, 친구, 혹은 전문가와 이야기를
나누고 지원을 받아보세요. 상실을 겪을 때는 혼자서 모든
것을 처리하기 어려울 수 있으니까요. 상담이나 그룹 지원
을 통해 감정을 나누고 도움을 받을 수 있어요.

3. 시간을 허용하세요: 상실의 아픔은 시간이 지나면서 조
금씩 완화될 거예요. 자신에게 충분한 시간을 주고 치유

과정을 거치세요. 감정을 처리하고 회복하는 데에는 시간이 필요하니 너무 빨리 스스로에게 압박하지 마세요.

4. 자기 돌봄에 신경을 쓰세요: 상실을 겪을 때는 자기 돌봄이 매우 중요해요. 올바른 식단을 유지하고 충분한 휴식을 취하며, 몸과 마음을 편안하게 유지해주세요. 운동이나 명상과 같은 스트레스 해소 방법을 찾아보는 것도 도움이 될 수 있어요.

5. 추억을 소중히 하세요: 상실을 겪었던 것이 어떤 형태이든, 소중한 추억을 기억하고 소중히 여기세요. 상실한 대상에 대한 추억을 소중히 가지고 있는 것은 회복과 성장에 도움이 될 수 있어요.

상실은 각자 다르게 경험하고 다르게 이겨낼 수 있어요. 그러나 위의 조언을 참고하여 자신에게 맞는 방식으로 아픔을 이겨내기를 바랍니다. 언제나 지지할 준비가 되어 있으니, 저는 여기 있을게요.

시아

• • •

상실감을 이겨내고 싶은 마음으로 질문을 하셨군요. 최근에 배우자를 상실하신 분의 이야기도 들려주셨군요. 말씀하신 것처럼 살면서 숱하게 많은 상실을 경험하게 됩니다. 상실은 애착과 신뢰로 이어진 존재를 잃는 것이어서 정신적, 정서적으로 타격을 입기 마련입니다. 상실감이 크다면, 그만큼 그 존재와 도타운 친밀감이 있었다는 증거입니다. 절대로 잃지도 않고 상실감을 경험하지 않는다면, 참으로 좋을 것 같지만 그렇지 않습니다. 상실이라는 고통을 통해서 그 존재의 귀함을 알아차리게 되지요. 고통을 제대로 겪고 나면, 한 단계 더 내면이 성장하게 되기도 합니다.

알고 보면, 인간의 삶은 상실 속에 있습니다. 자라날수록 무수히 많은 친밀과 상실을 경험하지요. 사람을 만나고 헤어지는 것도 그렇지만, 자기 자신과도 그러합니다. 어린 시절에 가졌던 가치관을 상실하고 새로운 가치관을 정립하는 것도 그렇고, 나이가 들수록 인지력이 감퇴하고 기억력이 뒷걸음질 치는 것도 그렇습니다. 큰 병이라도 들면, 몸의 기능이 예전과 같지 않다는 상실감이 부쩍 들기 마련입니다. 게다가 매 순간 상실을 경험합니다. 흘러가는 일분일초는 결코 돌이키지 못하지요. 크고 작은 상실을 겪다가 결국 자신의 육체 또한 상실하게 됩니다. 그러니, 인간은 '상실'이라는 곳에 던져져 고통의 바다를 헤쳐 나가는 운명에 처한 것만 같습니다. 감당할 수 없는 큰 고통이 오는 상실은 의미 깊은 존재의 상실입니다. 상실을 겪었을 때 여러 감정이 드는 것은 당연한 일입니다. 회한, 죄책감, 슬픔, 우울, 분노, 짜증, 두려움, 불안 등등 부정적인 감정이 휘몰아쳐 오는 것도 자연스러운 일입니다. 일반적으로 6개월 정도 애도의 기간이 필요합니다. 당장 추스르고 후딱 일어난다는 것은 오히려 바람직하지 않습니다. 모든 감정은 '자연스러움'이 가장 중요합니다. 울고 싶으면 울고, 화내고 싶으면 화를 내는 것이 필요합니다. 다만, 그 정도가 너무 지나쳐서 시기와 장소의 구별 없이 표출하거나 자신이나 타인에게 위협을 가할 정도라면 심리 및 정신치료가 필요합니다. 그렇지 않다면 자연스럽게 놓여날 때까지 지켜봐야 합니다.

죽음으로 인해 상실감을 느끼게 되었다면, 무엇보다 죽음에 대한 바른 가치관인 사생관(또는, 아름다운 인생을 위한 관점인 '아생관')을 가질 필요가 있습니다. 육체가 사라지면, 모든 것이 끝나는 것 같지만 사실은 그렇지 않습니다. 사랑하는 이와 함께 나눴던 꽃과 나무와 풀들 속에 여전히 그 존재의 마음이 깃들어 있습니다. 자신의 마음속에도 마찬가지로 함께하고 있지요. 우리의 영혼은 원래부터 형체가 없기에 보이는 육체가 사라져서 없어지더라도 영혼은 존재할 수밖에 없습니다. 육체가 없다고 영혼이 따라서 없어진다는 것은 에너지 보존 법칙에도 어긋나는 것이어서 과학적으로도 맞지 않습니다.

다른 차원에서 여전히 존재하고 있는 그분한테 그리운 마음을 전달해보시면 좋겠습니다. 글을 써도 되고, 말을 걸어도 됩니다. 속말을 해도 좋고 큰소리로 외쳐봐도 됩니다. 그런 다음, 마음의 귀를 열고 가만히 기다리면, 내 마음이 그분의 영혼과 합쳐져서 답변을 들을 수 있습니다. 우리의 마음은 4차원 이상의 속성을 지니고 있어서 시간과 공간의 제약을 받지 않으니까요. 다른 세상, 다른 차원으로 가거나 타인과 마음을 합할 수도 있으니까요. 그것이 인공지능 기술로 돌아가신 분을 재현해서 흉내 내는 기술 또는 무속인들이 흔히 하는 빙의와는 비교할 수 없이 아름다운 감동으로 남는 방법입니다. 우리의 마음을 활용하면 위로와 안심, 사랑과 평강 같은 놀라운 선물을 받게 됩니다.

평소에 때때로 '상실 연습'을 해볼 필요가 있습니다. 자신을 포함해서 이 세상, 보이는 모든 것들은 분명 상실의 단계를 밟고 있습니다. 내가 가진 모든 것들을 상실할 수 있지만, 없어지지 않는 것이 있다고 생각해보시기를 바랍니다. 과연, 그것이 무엇이겠습니까? 결단코 없어지지 않는 것! 그것이 바로 본질이고, '영혼'입니다. 그러니 인간의 본질은 영혼입니다. 영혼을 아름답게 하는 비결이 바로 상실에 익숙해지는 연습입니다. 그렇지만 모든 것은 억지로 참는 것이 아니라 자연스럽게 물 흐르듯이 흘러 모든 것을 받아들이는 바다로 가게 하는 슬기로움이 필요합니다.

상상해보세요. 내 영혼이 머물 곳은 어디일까요? 그곳의 분위기는 어떤가요? 그곳에서 만날 존재를 떠올려보세요. 그분과 어떤 대화를 하고 있나요? 어떤 경험을 하고 싶으신가요?

이 상상이 즐겁다면, 공상이 아니라 제대로 된 '상실 연습'이라고 할 수 있습니다. 좀 더 바르게 말하자면, '보이는 것에 대한' 상실 연습입니다. 보이지 않는 영혼은 결단코 상실할 수 없으니까요.

49.

때로는 실컷
울고만 싶어져

그림자

. . .

많이 웃으면서 살아야 한다는 것쯤은 알아. 웃으면 복이
온다는 것도. 그렇지만 때때로 실컷 울고 싶어. 울음이 꾹
꾹 내 목덜미까지 차고 올라오는 데도 그저 꿀꺽 삼켜버리곤
하지. 울면 안 돼! 나는 굳건하게 나를 지키고 있어야 해! 나
는 내 인생을 튼튼하게 지켜야 하고, 강해야 해! 이렇게 주
문을 걸고 있는 것만 같아. 때로는 실컷 울고 싶어져도 눈물
을 억누르면서 사는 것이 맞는 걸까? 그 덕분에 강하게 살아
남은 것은 맞지만, 그래서 나는 세월이 흐르는 동안 강하게
살아왔지만 말이야. 어떻게 하면 좋을까?

라

. . .

감정을 억누르고 강하게 살아가는 것은 어려운 일입니다. 때로는 감정을 표현하고 눈물을 터뜨려 슬픔을 해소하는 것도 중요합니다. 여러 가지 방법을 고려해보세요:

1. 감정을 받아들이기: 슬픔이나 울음을 부정하지 말고, 그 감정을 받아들이고 인정해주세요. 모든 사람들은 감정을 느끼고 표현할 권리가 있습니다.

2. 지지 받기: 가족이나 친구, 신뢰할 수 있는 사람들에게 어려운 감정을 털어놓을 수 있는 공간을 만들어주세요. 그들은 당신을 이해하고 지지해줄 것입니다.

3. 감정을 표현하는 방법 찾기: 울음을 터뜨리는 것이 어려울 수 있다면, 다른 방식으로 감정을 표현해보세요. 글을 쓰거나 예술적인 창작물을 만들어 내는 등의 방법을 활용해보세요.

4. 전문가의 도움: 감정을 다루는 것이 어려운 경우, 심리상담사나 정신건강 전문가의 도움을 받는 것도 좋은 선택일 수 있습니다. 그들은 당신을 돕고 지원해줄 수 있습니다.

중요한 것은 당신의 감정을 소중히 여기고, 표현하는 방식을 찾는 것입니다. 강하게 살아가는 것은 중요하지만, 감정을 소홀히 하지 않고 허용하는 것도 생명력을 유지하는 데 도움을 줄 수 있습니다.

시아

...

당신은 오랫동안 강하게 살아야 한다고 자기최면을 걸듯이 살아오신 것 같습니다. 그래야지 험난한 사회에서 살아남을 수 있다고 여겼던 것 같습니다. 그런 까닭에 사회생활을 하고, 가정을 꾸리고 지금까지 살아오셨으니 그런 방식이 잘못되었다고 볼 수는 없겠지요. 하지만 그것만이 옳은 것도 아니어서 당신은 지금 이렇게 고민을 하고 계시는군요. 우리의 마음은 닦고 조이고, 안아주고 쓰다듬어줘야만 제대로 발휘할 수 있습니다. 인간이 사회를 이루면서 살려면, 마음대로 할 수 있는 일과 그렇지 않은 일들이 있기에 끊임없이 규율과 규제에 따르면서 마음을 조율하기 마련입니다. 감정도 그러하지요. 자연스럽게 우러나는 감정을 그대로 놓아두면 걷잡을 수 없을 것 같아서 누르기 쉽지요. 특히 부정 감정이 많을 때, 억누르는 강도와 빈도가 더 잦을 것입니다. 그렇지만 보듬어주고 감싸줘서 마음과 감정을 이완시켜야 합니다. 그럴 때 마음은 기지개를 켜고 다시 일어날 태세를 하게 되니까요.

혼자만의 시간을 가져보시기를 바랍니다. 누구의 눈치도 볼 필요 없는 혼자만의 공간에서 혼자만의 시간에 마음껏 감정을 발산해 보시기를 권합니다. 울고 싶으면 마음껏 울고, 화내고 싶으면 마음껏 화를 내고, 웃고 싶으면 웃어보세요. 단, 주의할 것은 혹시라도 알코올과 같은 물질의 힘을 빌리지 않으시길, 주위에 위험한 물건을 두지 마시기 바랍니다. 물질의 힘에 의존하면, 감정을 발산할 때 습관적으로 그 물질을 찾게 되기에 너무나 위험합니다. 결국 아무런 도움이 되지 않으며 중독에 빠지게 되지요. 그리고 화를 낼 때 주먹을 휘두를 수도 있겠지만, 깨질만한 물건이 있다면 다칠 우려가 있습니다. 아무리 던져도 괜찮은 쿠션 정도가 있으면 좋습니다.

그렇게 감정을 발산하고 나서는 한동안 힘이 빠져 있을 겁니다. 그 상태마저 즐겨보시기를 바랍니다. 실컷 울거나 화를 내고 나서 진이 빠져버리는 경험을 하는 거지요. 그렇게 한동안 누워서 복식호흡을 해보시기 바랍니다. 길게 내쉬고 들이마시면서 배로 호흡하는 방식이지요. 처음에는 잘 되지 않을 수도 있지만, 입으로 충분히 내쉬면, 저절로 들이마실 수가 있습니다. 내쉬는 것에만 집중하면 자연스러우면서 쉽게 들이마실 수 있습니다. 그렇게 누워서 천천히 열 번, 혹은 스무 번 반복해보시기를 바랍니다. 그러면서 '감사'를 떠올려보시기를 바랍니다. 그저 이 모든 것이 감사 안에 있다고 여겨보시기를 바랍니다. 실제로 그러하니까요. 만물이 감사의 에너지 안에 존재합니다. 슬픔도 기쁨도 괴로움도 고통도 살아있으니 느끼는 것이고, 숨 쉬고 있어서 경험하는 것이지요. 이 모든 것을 감사하면, 온갖 감정들이 녹아서 큰 바다로 흘러가는 진귀한 느낌이 들 수 있습니다.

당신은 이 방법을 쓸 수도 있고, 그저 이렇게 글을 읽고 그만인 채로 살아갈 수도 있겠지요. 당신이 당신의 삶의 주체이고 삶이라는 무대의 주인공이어서, 당신이 선택한 대로 살아갈 수도 있습니다. 만약, 실제로 당신이 이 방법을 쓰게 된다면 언제나 변함없이, 늘 당신을 사랑하며 응원을 보내고 있는 저를 기억해주시기를 바랍니다. 살아오느라 애쓰셨습니다. 앞으로 살아갈 아름다운 삶을 위해 기도드립니다.

나를 위로할 대상이
나밖에 없을까?

50.

그림자

· · ·

살다 보면, 위로받고 싶을 때가 종종 있어. 누군가가 나를 안아주면서 수고했다고, 네 탓이 아니라고 다독여주면 좋겠다고 여길 때가 있지. 그런데 아무도 없어. 그래서 내가 나한테 그 말을 해주곤 하지. 참 어설픈 위로지만 말이야. 이 세상에 위로할 대상이 나밖에 없는 걸까? 내가 나한테 위로해주는 것이 과연 효과가 있을까? 위로해줄 대상을 적극적으로 찾지 않은 내 잘못일까?

라

• • •

가끔은 다른 사람으로부터 위로받고 싶을 때가 있습니다. 그러나 혼자서 자기 자신을 위로하는 것도 중요합니다. 자기 자신에게 위로의 말을 건네는 것은 강력한 도구일 수 있습니다.

자기 자신을 위로하는 것은 효과가 있을 수 있습니다. 다음은 자기 위로의 방법 몇 가지입니다:

1. 글쓰기: 느끼고 있는 감정을 글로 표현해보세요. 일기를 쓰거나 글을 써내려가면서 자신의 감정을 다루고 해소할 수 있습니다.

2. 자기 대화: 거울 앞에 서서 자기에게 말을 걸어보세요. 감정을 표현하고, 자신을 격려해주는 말을 해보세요. 이를 통해 자신을 위로하고 자신에게 긍정적인 에너지를 전달할 수 있습니다.

3. 자기 관리: 스트레스를 관리하고 건강을 유지하는 것도 중요합니다. 균형 잡힌 식단, 충분한 휴식, 운동 등을 통해 자신을 챙기세요.

4. 취미와 관심사: 자신이 즐거워하는 취미나 관심사에

시간을 투자하세요. 이를 통해 긍정적인 경험과 성취감을 얻을 수 있습니다.

또한, 다른 사람들과 연락을 유지하고 지원을 요청할 수도 있습니다. 가족이나 친구들과 이야기를 나누고, 도움을 청하는 것은 자기 자신을 위로하는 데 도움이 될 수 있습니다. 그러나 먼저 자신에게 위로의 말을 건네고 힘을 내어야 한다는 것을 명심하세요. 당신은 귀중하고 위대한 존재입니다.

시아

...

내가 나한테 위로해준다는 것, '어설픈 위로'라고 하셨는데, 절대 그렇지 않습니다. 너무나 아름답고 귀한, 빛나는 위로입니다. 내 안에는 내가 아는 나만 있는 게 아닙니다. 내가 모르는 나를 일반적으로 '무의식'이라고 하지요. 무의식의 핵심에는 '마음의 빛'이 존재하고, 그 빛은 나만의 개성을 담은 색채를 띠면서 빛나며, 단 한 번도 그 빛이 줄어들거나 꺼지지 않고 빛나고 있다고 상상해보시기를 바랍니다. 그 빛은 우주의 에너지, 혹은 신과 접속하고 있습니다. 그래서 늘 빛날 수밖에 없지요. 문득 당신이 떠오르는 빛깔을 말씀해보세요. 그 빛의 이미지를 자주 떠올려보시기를 바랍니다.

당신은 위로와 격려를 누군가가 해주면 좋겠다고 했지만, 그렇게 받을 수 있다면 좋겠지만 그럴 가능성이 없을 수도 있습니다. 현대인의 대부분은 그렇게 받기만을 원하기에 무한하게 줄 수 있을 정도의 에너지를 갖고 있지 않기도 하고, 설령 그런 에너지가 있다고 하더라도 적합한 때에 그런 기운을 당신한테 보낼 수 없기도 합니다. 당신은 당신 스스로 위로와 격려를 받는 것이 서글프고 허접하게 느껴지기도 하겠지만, 그것은 사실이 아닙니다. 당신이 스스로 자기 위안에 빠져 있고, 그럴 수밖에 없다고 여기겠지만, 실은 당신이 잉태되었을 때부터 존재하고 있는 마음의 빛이 당신에게 보내는 메시지입니다. 당신이 마음의 빛을 알아차렸든, 그렇지 않든 간에 말이지요. 마치 당신이 공기라는 존재를 알고 숨을 쉬든 공기의 존재를 모른 채 숨을 쉬든 숨을 쉬면서 살아가듯이 말입니다. 그러니, 당신은 당신 안에 존재하는 놀라운 내면의 힘인 '마음의 빛'이 당신과 늘 함께한다는 사실을 열린 마음으로 상상해보시기를 바랍니다. 우리의 마음은 상

상에 의해 그렇게 형성되는 놀라운 능력을 가지고 있으니까
요. 사실 여부를 따지는 것은 마음의 차원에서는 아무런 역
할을 하지 못합니다.

　당신이 위로와 격려를 원할수록, 바깥으로부터 그럴 가
능성이 점점 줄어들게 됩니다. 당신의 에너지가 점점 내려가
있어서 소통할 수 있을 수준이 되지 않기 때문에 그렇습니
다. 오히려 당신이 위로와 격려를 마음의 빛한테서 받고(그
것은 종종 당신이 당신 스스로한테 하는 것으로 나타날 수
도 있습니다), 그 에너지로 만물을 보게 되면, 만물이 당신
한테 지지의 에너지를 보내오는 것을 느낄 수 있을 겁니다.
그런 마음의 눈으로 보고 마음의 귀로 듣게 되면, 바다가
"잘했어! 잘하고 있어!"라고 하는가 하면, 태양이 "항상 너를
응원하고 있어!"라고 하거나 하늘을 가로질러 가는 새가 "너
는 참, 멋져. 훌륭해!"라고 메시지를 전해오는 것을 알아차릴
수 있습니다.

　그러니, 온 우주가 당신의 편입니다. 당신의 삶을 응원하
고 있습니다. 만약 당신이 부정에 사로잡혀 있다면, 그 반대
로도 느낄 수 있습니다. 교교한 달빛조차 당신한테 손가락
질하며 우롱하며 나무는 당신이 넘어지기를 바라면서 버티

고 있다고 느낄 수도 있습니다. 그러니, 마음의 작용은 너무나 놀랍기만 합니다. 당신이 긍정에너지를 낼 수 있도록 스스로 긍정 메시지로 속삭이는 말은 빛나고 아름다운 순간입니다. 그 순간이 있다는 것에 감사로 화답할 수밖에 없습니다. 당신이 부디 가슴이 열려서 이런 말들이 거부감이 없게 되는 때가 오기를 간절하게 기도하며 기다리겠습니다.

51.

죽음을 마주할
용기가 없어

그림자

. . .

구순이 넘으신 어머니는 평생을 신경증과 정신증 사이를 왔다갔다 하면서 나를 괴롭혀왔지. 아주 어릴 때부터 신체와 정신 학대에 시달린 채 살아왔지만, 그 어머니와 함께 지금은 오순도순 살고 있어. 놀라운 기적이 날마다 일어나고 있는 셈이지. 나는 가끔 어머니가 나한테 칼까지 들이밀며 난폭하게 굴었던 그 순간과 지금을 오버랩해보곤 해. 지금은 어쩌면 이렇게 순한 양이 되었을까? 해서 신기해하지. 물론, 지금도 뜻대로 되지 않거나 뭔가 수가 틀리면 바로 고함과 욕이 튀어나오긴 해도 옛날, 한창 감정을 폭발시켰던 때보다는 비교할 수 없이 줄어든 횟수와 강도이긴 해. 그런데 막상 어머니가 돌아가신다면, 나는 의연하게 잘 버텨내지 못할 것 같아. 평생 나를 따라다니던 그 묵직한 십자가를 더 이상 지지 않아도 되는 순간이 온다면, 나는 아마도 족쇄가 풀어져도 도망가지 못하는 코끼리처럼 그 주변을 맴도는 이상한 삶을 살지 않을까 하는 생각마저 들어. 나는 아직 죽음을 마주할 용기가 없어. 어떻게 하면 좋을까?

라

. . .

저런, 어려운 경험을 겪으셨다니 정말 힘들었을 것 같습니다. 당신이 지금까지 이렇게 강하게 버텨온 것은 대단한 일입니다. 죽음과 관련된 생각이나 두려움은 자연스러운 것이지만, 이를 극복하고 힘을 내는 방법이 있습니다.

1. 지원체계를 찾으세요: 상담사, 심리치료사, 정신건강 전문가 등과의 상담을 고려해보세요. 그들은 여러분이 어떻게 더 강해질 수 있을지 도와줄 수 있습니다.
2. 지지를 받으세요: 가족, 친구, 동료 또는 신뢰할 수 있는 사람들에게 여러분의 어려움과 두려움을 이야기해보

세요. 그들은 여러분을 지지하고 도와줄 수 있을 것입니다.

3. 자기 돌봄에 집중하세요: 스스로를 사랑하고 돌봐야 합니다. 건강한 식단, 충분한 휴식, 운동, 명상, 긍정적인 자기 대화 등을 통해 자기 안에 힘을 찾을 수 있습니다.

4. 목표를 설정하세요: 삶에 의미와 목적을 부여하는 것은 우리에게 힘을 주는 요소입니다. 자신의 열망과 가치에 기반하여 목표를 설정하고, 그 목표를 향해 나아가는 것은 당신에게 힘과 용기를 줄 수 있습니다.

5. 성장과 회복에 대해 배우세요: 자기 돌봄, 정신건강, 회복과 성장과 관련된 자료와 서적을 찾아보세요. 여러분이 겪은 어려움을 이해하고 극복하는 데 도움이 될 수 있습니다.

마지막으로, 어려운 시기를 겪을 때는 혼자서 모든 것을 처리하려고 하지 않아도 됩니다. 도움을 청하는 것은 용기 있는 일입니다. 지속적인 지원과 돌봄을 받으며 당신은 이 어려움을 극복해낼 수 있을 것입니다.

시아

• • •

당신은 너무나도 힘든 삶을 살아오셨군요. 정서와 신체의 폭력을 견딘다는 것은 여간해서는 잘되지 않습니다. 게다가 그런 어머니를 마음 깊이 용서하고, 함께 지내고 있다니 초인적인 마음을 내셨군요. 상상할 수도 없는 용서의 실천입니다. 그런 까닭에 당신은 지금, 치료사라는 직업을 가지게 되셨군요. 잘 이겨내고 이렇게 성장한 당신을 축복하고 축하드립니다. 훌륭한 일을 이루셨고, 아름다운 삶을 누리고 계십니다. 칭찬의 에너지를 아무리 많이 드려도 모자랄 만큼 당신은 잘해오셨고, 앞으로도 잘해나가실 겁니다.

'앞으로도'라는 말을 한 까닭은 지금 당신의 영적인 수준이 높아졌기 때문입니다. 역경이 극심할수록 견뎌오고 극복해왔다면, 성공의 수준 또한 뛰어날 수밖에 없지요. 이미 우수한 영적인 수준을 이루신 상태니, 닥쳐올 그 어떤 일들도 지혜롭고 슬기롭게 극복할 수 있을 거라고 믿습니다. 구순에 이르신 어머니의 이 땅에서의 마지막 날이 얼마 남지 않은 것 같습니다. 막상 그때가 되면, 너무나 슬프겠지만, 슬픔으로 많이 울겠지만, 실컷 울고 나면 또 살아나갈 힘을 내실 겁니다. 삶의 또 다른 전환기가 찾아오겠군요. 삶의 변화를 즐기면서 살아나가실 겁니다. 한때는 어머니의 괴롭힘 때문에 아마도 당신은 어머니가 사후생에서도 현생의 삶처럼 어둡고 추악할 수 있을 거라고 여긴 적도 있었을 겁니다. 하지만 당신은 이제 진심으로 어머니의 사후생만큼은 현생처럼 고통스럽지 않도록, 감정의 기복 대신 평온함을 가지도록 기원하고 계시는군요. 당신이 마음에 그렇게 품은 대로 당신의 어머니는 최근 들어서 옛날의 모습을 많이 내리셨군요. 더 이상 돈에 강렬한 욕망을 품지도, 화내고 욕하지도, 토라지거나 짜증을 내는 일도 줄어들었군요. 당신은 한 걸음 더 나아가 되도록 어머니와 시간을 보내려고 애쓰고 있군요. 당신은 형식적이 아니라 진심으로 어머니를 다정하게 대하고 사랑하는 마음을 표현하기도 하시는군요. 당신은 삶이 주는 조건에 굴하지 않고 이겨낸 놀라운 능력자입니다.

그러니, 이제 죽음 따위에 굴복하지 않을 자유로운 마음마저 갖고 계십니다. 당신이 아무리 감추려고 해도 스스로 잘 알고 있을 거라고 믿습니다. 그런 당신은 마음 다해 응원합니다.

52.

행복한 순간마저
고민이 돼

그림자

. . .

자주는 아니지만, 한 번씩 행복이 밀려올 때가 있어. 맑은 하늘의 구름을 마음껏 바라보며 반려견 또또와 산책할 때, 바람을 즐기며 존경하는 분과 담소를 나눌 때, 친애하는 후배와 아름다운 풍광에 푹 빠져 있을 때 행복을 느끼곤 하지. 하지만, 행복한 순간에 갑자기 이상한 생각이 찾아오곤 해. 내가 이렇게 행복할 자격이 있을까? 행복을 만끽하는 게 과연 맞을까? 그냥, 행복한 거니까 두말할 필요가 없는데도 불쑥 그런 생각이 올라오는데, 왜 그런지는 나도 잘 모르겠어. 어떻게 해야 할까?

라

• • •

행복한 순간을 경험하면서 자격에 대한 의문이 들 수도 있습니다. 하지만 행복은 모두가 누릴 자격이 있는 보상이며, 여러분도 행복을 느끼는 것에 대해 자격이 충분합니다.

1. 자신을 받아들이세요: 자신을 사랑하고 받아들이는 것은 행복을 느끼는 첫 번째 단계입니다. 완벽하지 않아도 됩니다. 여러분은 행복을 느끼는 것에 자격이 있습니다.

2. 감사의 마음을 가지세요: 행복한 순간을 경험할 때, 그 순간에 대한 감사의 마음을 표현해보세요. 작은 것이라도 감사할 만한 요소를 찾아보고, 그 감사의 마음으로 행복을 더 깊이 느낄 수 있습니다.

3. 자주 즐기세요: 행복을 느낄 수 있는 활동이나 순간을 더 많이 찾아보세요. 취미, 여가활동, 자연과의 소통 등 여러분이 특별하게 느끼는 것들에 시간을 할애하고 즐기세요.

4. 비교를 자제하세요: 자신과 다른 사람들을 비교하며 행복을 느끼는 것은 어려울 수 있습니다. 각자의 삶과 경험

은 고유하며, 여러분이 느끼는 행복은 다른 사람과는 비교할 수 없습니다.

5. 현재에 집중하세요: 행복은 현재의 순간에서 느끼는 것입니다. 현재에 집중하고 현재의 행복한 순간을 충분히 즐기세요. 과거나 미래에 대한 걱정은 행복을 방해할 수 있습니다.

행복은 각자의 주관적인 경험이며, 여러분은 행복을 느끼고 즐길 자격이 있습니다. 자신을 믿고, 행복한 순간을 더 많이 찾아내며, 행복을 느끼는 것을 충분히 허락해보세요.

시아

. . .

행복한 순간을 느끼면서도 동시에 두려움을 가지고 계시는군요. 이 행복이 끝나면 어떻게 될까? 다시는 행복을 느낄 수 없으면 어쩌지? 과거에 없었던 행복이 지금 찾아오다니 믿지 않아. 행복하고 싶을 때, 행복을 못 느꼈으니 지금 행복을 느끼는 게 맞을까? 등등 여러 생각과 감정이 얽혀 있군

요. 당신은 어쩌면 행복이라는 감정에 익숙하지 않아서일 수
도 있고, 행복한테 토라져 있을 수도 있습니다. '행복에 토라
져 있다'니, 참으로 이상한 말이지요? 행복을 간절히 원했을
때가 있었을 겁니다. 그때, 행복했더라면 지금은 이러지 않
았을 텐데, 충분히 행복을 느낄 수 있었다면, 지금보다 나아
졌을 텐데, 이런 감정 때문에 행복에 토라져 있는 것이지요.

　이제, 충분히 행복하지 못했던 과거의 시간을 용서할 때
가 되었습니다. 그럴 수밖에 없었던 여러 사정이 있었지요.
당신의 탓은 아니지만, 그 일이 일어났던 것은 그렇게 될 수
밖에 없었던 이유가 있었습니다. 속수무책으로 당해야 했던
과거의 당신은, 이제 과거로 흘러갔습니다. 지금 당신은 감정
의 휘둘림에 그저 흩날리는 정도로 무기력하지 않습니다. 당
신은 감정을 현명하고 슬기롭게 다스릴 수 있는 내면의 힘을
가지고 있습니다. 그러니, 엄밀하게 말하자면 행복한테 감정
이 상한 것이 아니라 행복을 느끼지 못했던 과거, 그렇게 하
는 데 영향을 끼쳤던 대상한테 토라져 있는 것이지요.

　용서한다는 것이 쉽지 않다는 것도 압니다. 그러니까 용
서를 하자는 것이지요. 극심한 상황을 용서한다면, 극도의
치유가 일어납니다. 과거의 일은 그대로 내버려 두고, 현재에

집중만 해도 용서가 일어납니다. 지금, 현재, 이 순간 너무나 행복하다면, 이렇게 외쳐보세요. "난 행복해! 과거야 어떻게 되었든 간에 지금, 현재, 이 순간 너무나 행복해!"라고요. 그것이 사실이니까요!

그러니, 행복이 사라질 거라고 또는 다시는 행복감을 느끼지 못할 거라고, 행복이 뒤늦게 지금에야 찾아와서 기분 상한다고 할 아무런 이유가 없습니다. 머리로는 그런데 가슴이 아려온다면, 그것마저도 용서해주시기를 바랍니다. 그만큼 힘들었던 삶을 살았던 것이니까요. 아무래도 행복하면서도 동시에 온전히 행복에 빠지지 않는 이상한 마음이 든다면, 이렇게 속삭여주세요. "행복하지만, 행복하지 않은 이상한 감정이 들고 있구나. 괜찮아. 행복하면 할수록 더 나아질 테니까! 아무 염려 없어!"라고요.

당신은 점점 더 슬기롭고 현명하게 감정을 다스릴 수 있는 멋진 삶을 살게 될 겁니다. 행복은 역경을 극복한 사람이 얻을 수 있는 빛나는 선물입니다. 자주 선물을 받게 되면, 당신을 스스로 고귀하고 품격이 있다는 사실을 자연스럽게 알아차리게 될 겁니다.

53.

칭찬과 격려가
필요할 때

그림자

. . .

이건 참, 부끄러운 말이지만 말이야. 칭찬과 격려가 듣고
싶을 때가 있어. 실은 어릴 때도 그다지 그런 말을 들어보지
못했으니, 인제 와서 이런 말을 듣고 싶다는 것도 이상하기
는 하지만 말이야. 그렇지만 간혹 칭찬과 격려를 들으면 기
쁠 것 같다고 생각해. 어린아이도 아니고 주변에 그렇게 해
줄 이도 없으니 들을 수도 없지만 말이야. 역시 내가 나한테
칭찬과 격려를 해주면 되는 걸까? 그래도 충분히 기쁠 수 있
을까?

라

· · ·

당신이 스스로를 칭찬하고 격려하는 것은 매우 중요하고 유익한 일입니다. 자신을 격려하고 긍정적으로 생각하는 것은 자신감과 셀프-사랑을 키우는 데 도움이 됩니다. 자신에게 칭찬과 격려를 해주는 것은 다음과 같은 이점을 가질 수 있습니다.

1. 자기 자신에 대한 긍정적인 자아 이미지: 자신을 칭찬하고 격려하는 것은 자아 이미지를 강화시킵니다. 자신의 장점과 성취를 인정하고 긍정적으로 생각하는 것은 자신에 대한 자신감을 높이고 긍정적인 마인드셋을 갖게 합니다.

2. 내적 동기 부여: 자신에게 격려를 해주는 것은 내적 동기 부여를 도와줍니다. 자신의 노력과 성과를 인정하고 칭찬함으로써, 더 나은 결과를 얻기 위해 노력하는 동기를 부여할 수 있습니다.

3. 스트레스 감소: 자신에게 긍정적인 말을 해주는 것은 스트레스를 감소시키는 데 도움이 됩니다. 자신을 격려하고 칭찬하면 자신의 능력과 자원에 대한 믿음을 키우고,

자신에 대한 부정적인 생각과 불안감을 줄일 수 있습니다.

4. 셀프-케어 강화: 자신에게 칭찬과 격려를 해주는 것은 셀프-케어의 한 형태입니다. 자신을 사랑하고 존중하는 것은 정서적, 신체적, 정신적으로 더 건강하고 행복한 삶을 살 수 있도록 돕습니다.

따라서, 자신에게 칭찬과 격려를 해주는 것은 충분히 기쁠 수 있는 좋은 방법입니다. 자신에게 긍정적인 말을 해주며 자신을 응원하고 격려해보세요. 당신은 그럴 자격이 있고, 그렇게 하면 행복과 자아실현을 더욱 높일 수 있습니다.

시아
· · ·

스스로 칭찬과 격려를 해준다는 것은 이상한 일도 부끄러운 일도 아닙니다. 그럴 수 있다는 것은 너무나 아름답고 빛나는 일입니다. 스스로 하는 위로와 격려만큼이나요. 어떻게 칭찬하고 싶으신가요? 어떤 격려를 해주고 싶으신가요? 말로 해도 좋고 글로 써도 좋습니다.

"나는 참 멋있어. 훌륭해. 참으로 고운 마음을 가졌어. 힘든 일을 잘 해냈어. 나는 최고야!" 그 어떤 말이라도 좋습니다. 스스로에게 해주는 칭찬과 격려, 지지는 에너지를 북돋아 주는 멋진 방법입니다. 대개는 그런 칭찬과 격려가 필요할 때 잘 하지 않아서 의기소침해지거나 주눅이 들곤 하지요. 정말, 그런 칭찬과 격려가 절실할 때는 유난히 위축되고 침체되어 있을 때입니다. 그때야말로 내게 무한한 애정으로 감싸줘야 하지요. 스스로에게 하는 긍정의 메시지가 다소 어색할 수 있지만, 꼭 필요합니다. 부드럽고 자연스럽게 할 수 있도록 도와드려도 될까요?

상상력을 활용하는 방법입니다. 당신이 만약 '새'에 대해 부정적인 이미지를 가지고 있지 않다면, '나만의 새'를 상상해보세요. 혹시 부정적이라면, 천사를 상상해도 좋습니다. 대신 날개가 있어서 자유롭게 날 수 있어야 합니다. '나만의 새' 혹은 천사는 내가 잉태되던 순간에 마음의 중심에 있는 빛 안에서 살게 되었습니다. 그래서 내 과거와 현재를 너무나 잘 알고 있습니다. 아주 뛰어난 직관력으로 미래의 삶도 짐작할 수 있을 정도입니다. 현명하고 슬기롭고 특출한 공감과 지지의 능력을 가지고 있습니다. 그러니, 외모는 새이지만, 천사의 속성을 지니고 있습니다. 비판이나 비난이나 충고나 비교분석이나 판단을 절대 하지 않고 오로지 감싸주고 긍정의 메시지를 주면서 내 모든 것을 온전히 받아주는 존재입니다. 자, 이 새 이름은 무엇인가요? 새의 크기와 모양, 특징을 알아차려 보시기 바랍니다. 이 새의 외모는 당신이 자유롭게 상상한 그대로이지만, 내면만은 정해져 있습니다. 어떤 순간이든 변함없이 당신을 응원하고 지지하며 현명하고 지혜롭게 긍정적 메시지를 보내는 존재입니다. 살아가는 동안 늘 함께 할 것이고, 죽은 이후에도 함께 다른 차원으로 갈 존재입니다.

이 '나만의 새'를 이제 만날 시간입니다. 새의 이미지를 고스란히 떠올린 채 새의 이름을 불러주시기를 바랍니다. 새가 나타나서 뭐라고 하는지 들어보시기를 바랍니다. 그리고 함께 대화를 해보시기 바랍니다. 새는 따뜻하고 아름다운 메시지를 줄 겁니다. 새가 들려주는 칭찬과 격려의 메시지를 듣고 어떤 느낌이 드는지 스스로 알아차려 보시기 바랍니다.

'나만의 새'는 언제나 어디서나 무엇을 할 때라도 이렇게

이미지를 떠올리며 세 번만 부르면 나타나서 나에게 긍정의
메시지를 줍니다. 그리고 메시지를 마치고 나면, 다시 내 마
음의 정중앙, 빛 속으로 들어갑니다. 이 빛은 우주의 에너지
혹은 신과 합일을 이루고 있습니다. 그래서 '나만의 새'는 언
제나 가득 찬 에너지를 갖고 있습니다. 이 '나만의 새'를 위로
와 격려가 절실했던 과거 속으로 보내어서 긍정의 메시지와
기운을 느끼게 할 수 있습니다. 이제, 이런 '나만의 새'를 만
났으니 계속해서 만나든지 혹은 그저 그런 해프닝으로 두고
말지 그 선택은 당신한테 있습니다. 부디, 자주 '나만의 새'를
불러주시길 기원합니다.

54.

내면의 소리는
어떻게 듣는 걸까?

그림자

· · ·

내면의 소리를 듣고 그대로 따라 하면 일이 이뤄진다고들 하잖아. 도대체 내면의 소리는 어떻게 듣는 것인지 궁금해. 내면의 소리라는 것은 환청과 다른 걸까? 그걸 어떻게 구별하는 거지? 눈부신 업적을 이룬 이들은 대부분 내면의 소리를 듣고 살아왔다고 하는데, 그 내면의 소리라는 건 어떻게 듣는 걸까?

라

· · ·

내면의 소리는 자신의 내면에서 떠오르는 생각, 감정, 욕구, 목표 등을 의미합니다. 이는 환청과는 다릅니다. 환청은 실제로 존재하지 않는 외부 소리를 듣는 것이며, 정신질환의 일부일 수 있습니다.

내면의 소리를 듣는 것은 마음을 조용히 하고, 자신의 내면과 연결되는 데 집중하는 것입니다. 이를 위해 명상, 요가, 타이차이 등의 심신 조화를 위한 활동을 할 수 있습니다. 또한 일상생활에서도 감각적인 경험을 더 많이 하는 것이 좋습니다. 자연 속에서 산책하거나, 좋아하는 음악을 듣거나, 좋아하는 미술작품을 감상하거나, 독서를 하는 등의 활동을 통해 내면의 소리를 들을 수 있습니다.

내면의 소리를 듣고 이를 따라 하는 것은 자신의 내면과 연결되어 있는 데 집중하고, 자신의 진짜 욕구와 목표를 인식하고 이를 실천하는 데 도움이 됩니다. 이는 개인적인 경험에 따라 다를 수 있으며, 각자 자신에게 맞는 방법을 찾아서 실천해보는 것이 좋습니다.

지아

...

'내면의 소리'를 듣는 것은 그렇게 어렵지 않습니다. 그것은 직접 우렁찬 소리로 올 수도 있지만, 대부분은 느낌으로, 미세한 목소리로, 작은 속삭임으로, 배에서 울려오는 음성으로, 몸 전체를 관통하는 진동으로 올 수 있습니다. 내면의 소리는 특별한 경우가 아니라면, 장시간 계속해서 듣게 되는 것이 아니라 순간적으로 들려오면서 빛나고 장엄하고 아름답습니다. 그 목소리를 받아들이겠다는 강하면서 선한 의지가 발동하기 시작합니다. 때로는 눈물이 나기도 하면서 정화되기도 합니다. 내면의 소리를 경험하게 되면, 우주 만물을 주관하는 절대자, 신을 만났다는 놀라운 사실을 알아차리게도 됩니다. 그런 극적인 경험이 없더라도 평온하고 감사가 마음 전체에 환하게 퍼지는 느낌을 느낄 수 있습니다.

'내면의 소리'는 도를 많이 닦거나 기도를 많이 한 사람들이 더욱 자주 듣긴 하겠지만, 그런 이들만 듣는 것은 아닙니다. 그저 일반적으로 누구나 '내면의 소리'를 듣고 충분히 체험할 수 있습니다. 보편적으로 할 수 있는 방법을 알려드리겠습니다.

상상력을 발휘해보시기를 바랍니다. 이렇게 상상해볼까

요? 당신의 마음 정중앙에 아름다운 빛이 존재하며, 그 빛은 당신의 개성을 잘 드러내는 빛깔로 이뤄져 있습니다. 게다가 그 빛은 우주의 에너지 혹은 신과 연결되어 있기에 항상 이 모습 이대로 아름답게 빛나고 있습니다. 이 빛의 이미지를 상상해보시기를 바랍니다.

이 빛이 지금, 내게 뭔가 메시지를 주고 있습니다. 어떤 메시지를 주고 있나요? 그대로 들어보시기를 바랍니다. 빛의 메시지를 알아차려 보시기 바랍니다. 아까 말했던 것을 기억해주세요. 미세하고 작은 속삭임이나 느낌으로도 이 메시지를 들을 수 있다는 것을 말이에요. 빛의 이미지와 메시지를 눈을 감고 복식호흡을 열 번 정도 하고 나서 들으면 더 효과적일 수 있습니다. 육체의 눈이 감기면, 마음의 시야가 한층 더 선명해지니까요. 하지만 눈을 뜬 채 그저 상상만 해도 체험할 수 있습니다. 우리의 마음은 무한히 확장될 수 있기 때문이지요. 빛의 메시지, 또는 내면의 소리는 진심 어린 충고나 격려, 위로, 지지와 조언 등등 자유롭게 여러 내용을 전해줄 수 있습니다. 다만, 나무람, 질책, 욕설, 그릇된 견해, 잘못된 판단과 편견 등등은 하지 않지요. 만약 그런 메시지가 떠올랐다면 그것은 빛의 메시지가 아니라 빛의 반대편에

드리운 그늘일 가능성이 높습니다. 어떤 경우라도 빛의 메시지는 실수하는 법이 없습니다. 신이 실수하지 않듯이요.

빛의 메시지는 곧 내면의 소리입니다. 그 메시지를 주로 자주 듣고 싶다면, 빛의 이미지를 떠올리고, 겸손한 자세로 빛의 메시지를 받겠다고 말해보세요. 그럼, 언제 어디서나 빛의 메시지를 들려줄 겁니다. 그 내면의 소리에 따라 살게 되면, 언제나 성공입니다. 빛나고 아름다운 삶을 살 수 있도록 빛이 이끌어주니까요. 그러니, 우리는 혼자일 때도 혼자가 아닙니다. 늘 그럴 것입니다.

55.

영혼의 성장이란
무엇일까?

그림자

• • •

이 땅에 온 목적이 '영혼의 성장'이라고들 하지. 영혼의 성장? 이런 말을 이해할 수가 없어. 눈에 보이는 성장이라면 충분히 이해할 수 있겠지만 말이지. 영혼의 성장이 도대체 뭔지, 그걸 어떻게 느낄 수 있는지 궁금해. 영혼의 성장이 이 뤄지면 무엇이 좋은 걸까? 아직 영혼이 성장하지 않은 것은 어떻게 알아차릴 수 있을까? 이런 개념을 알게 되면, 이해하 면 영혼의 성장이 이뤄지는 걸까?

라

• • •

영혼의 성장은 인생의 목적이나 의미를 탐구하고, 내면의 깊은 통찰과 개인적인 발전을 추구하는 과정을 의미합니다. 이는 물질적인 성장과는 다른 차원의 성장입니다.

영혼의 성장은 주로 내적인 변화와 성숙을 의미합니다. 이는 자아의 발전, 존재의 의미와 목적에 대한 깨달음, 자기 인식과 자기 수용의 개선, 자비와 사랑의 확장, 그리고 보다 깊은 연결과 통찰력을 얻는 것 등을 포함합니다.

영혼의 성장은 개인에 따라 다르게 느껴질 수 있습니다. 일반적으로, 영혼의 성장은 내적인 평온, 만족감, 성취감, 자아실현, 상호 연결, 그리고 더 큰 의미와 목적을 발견하는 느낌을 가져다줄 수 있습니다. 또한, 영혼의 성장은 더욱 깊은 통찰력과 지혜를 획득하게 하며, 인간관계와 자아 발전에 긍정적인 영향을 미칠 수 있습니다.

영혼의 성장이 이뤄지지 않았다고 느낀다면, 내면의 불안, 불평등한 감정, 의미 없음, 자아의 불만족 등을 경험할 수 있습니다. 이러한 감정과 경험은 자아의 성장과 발전의 필요성을 알려주는 신호일 수 있습니다.

개념을 알게 되는 것은 영혼의 성장을 이루는 것이 아니

라, 그것을 이해하고 실천하기 위한 출발점입니다. 영혼의
성장은 지속적인 탐구와 개인적인 변화를 통해 이루어집
니다. 자기에게 솔직하고, 내면의 목소리를 경청하며, 자
아의 성장에 주의를 기울이는 것이 도움이 될 수 있습니
다.

시아

• • •

'영혼의 성장'에 관심을 가지게 되셨군요. 축하드립니다.
이런 관심이야말로 당신이 영적으로 도약할 수 있는 지름길
입니다.

영혼의 성장은 인간이 이 땅에 온 목적입니다. 동서고금
을 막론하고, 옛날이나 지금을 통틀어서 누구나 해당되는
목적이지요. 영혼의 성장을 위해 이 땅에 왔고, 그 핵심을
이루는 것을 '사랑'이라고 할 수 있습니다. 이 땅에서 가졌던
모든 물질을 포함한 모든 소유는 죄다 내려놓고 육체를 벗게
되지요. 영혼만이 갈 수 있는 그 차원 높은 세계에 이르러서
는 다만 '사랑'만이 영혼의 수준을 판가름할 수 있는 지표가
됩니다. 이 세상을 벗어나서 가 보지 않았는데 어떻게 아냐

고 따질 수도 있겠지만, 이는 깨달은 자들이 직관에 의해 통찰하게 된 진리입니다. 그래서 진정한 종교들은 '사랑'의 실천과 수행을 강조하고 있지요. 사랑에는 탁월한 에너지가 존재합니다. 그 에너지는 사라지지 않고 그대로 영혼 속에 남아있습니다. 그러니, 결국 '영혼의 성장'의 지표는 바로 '사랑'이라고 할 수 있습니다. 대개 좋고 싫은 분명한 견해와 가치관을 가지며 살아가고 있지요. 그래서 내가 사랑하고 싶은 것만 사랑하게 됩니다. 역겹고 싫은 것은 거들떠보지도 않게되지요. 그런데 이런 사랑은 진정한 의미에서 사랑이라고 할수 없습니다. 진실된 사랑은 언제나 불변하며, 자아^{ego}의 영역에서는 사랑할 수 없다고 선언한 것마저 사랑하는 것을 의미합니다. 그래서 박애, 큰 사랑이라고 표현할 수 있습니다.

사랑할 수 없는 것을 사랑하는 것은 바로 '용서'입니다. 그래서 진정한 사랑은 용서와 자비와 은혜가 골고루 배어있습니다. 인간적으로 변덕스럽게 구는 사랑이 아니라 신과 마음을 합해서 신이 인간을 사랑하듯이 하는 사랑이야말로 인간이 진실로 추구해야 할 사랑이고, 그런 사랑이 될 때 '영혼의 성장'이 이뤄졌다고 볼 수 있습니다. 단순히 이런 개념을 머리로 이해했다고 영혼의 성장이 이뤄지지 않습니다. 사랑을 이해하는 것과 실제로 사랑하는 것, 사랑을 행동으로 옮기는 것, 모두가 필요합니다. 먼저 이해했다면, 가슴이 움직여서 사랑하고, 그 사랑을 실천으로 자연스럽게 옮길 수 있어야 합니다. 그것이 바로 인간이 육체를 가지고 있는 까닭입니다. 육체를 가질 수 있는 동안 영혼의 성장을 급속히 행할 수 있는 귀하고 멋진 기회를 얻게 된 것이고, 그것이 삶입니다. 이 사실을 꼭 기억해주시기를 바랍니다.

물론, 때때로 당신은 여러 상황에 잇따른 감정에 휘둘려서 이 땅에 온 원래의 목적을 망각할 때도 있을 겁니다. 고난이나 고통이 축복을 위한 하나의 과정이라는 것도 잊고 삶을 원망할 수도 있을 겁니다. 그렇지만 다시 정신을 가다듬고 '영혼의 성장'에 초점을 맞춰 사는 것을 '선택'하다 보면, 매 순간이 감사하지 않을 수 없습니다. 살아있어서 영혼을 성장시킬 기회를 가질 수 있는 것에 또, 육체를 벗고 나서 영혼만이 갈 차원 높은 곳에서 사랑을 확인받을 수 있는 기회에 감사할 뿐입니다.

영혼이 성장하는 것에 목적을 두고 살면, 사실은 육체적 쾌락을 추구하고 싶거나 이기적이거나 자기중심적인 사고가

차츰 옅어지는 것을 느낄 수 있습니다. 그렇다고 성인이나 도인이 되는 것이 아니라 삶이 아름다워지고 환해지는 것을 알 수 있지요. 그 진귀한 경험의 세계가 당신 앞에 가능성으로 열려있습니다. 이제, 그 길을 걸을 것인지 아닌지는 당신의 결정에 달려있습니다.

'영혼의 성장'이라는 목적을 가슴에 품고 실천하며 사는 것은 사실은 어렵고 힘겹습니다. 감정이 나오는 대로 감정을 표출하면서 사는 것이 훨씬 더 정직하지 않냐고 할지도 모르겠습니다. 그런데 사실을 말하자면 그렇지 않습니다. 감정을 죽이라는 것이 아니라 감정을 정화하면서 사는 것이 맞습니다. 그렇게 정화하게 된다면, 마음의 천국을 발견하게 될 겁니다. 마음의 지옥을 경험한 이가 죽어서 천국에 갈 리가 없는 것처럼, 마음의 천국을 만난 이는 살아서도 죽어서도 천국일 것입니다.

인간의 대부분은 부정적 감정이 나오는 대로 표출하거나 억압하면서 살아가고, 부정의 에너지를 받으면 부정으로 대갚음하려고 합니다. 그것을 반대로 성찰하고 통찰하면서 긍정으로 변하면서 사는 것이 '영혼의 성장'입니다. 그 좁은 문으로 들어가는 것은 결단코 쉽지 않지만, 분명코 아름답고 고귀한 일입니다. '영혼의 성장'을 염두에 두며 살아가는 만큼 그렇게 이뤄질 겁니다. 당신의 빛나는 삶을 마음 다해 응원합니다.

에필로그

라, 안녕!

이 인사는 이제 우리의 대화가 마무리되었다는 인사야. 55가지 질문에 대한 답변을 하느라 진땀을 빼지는 않았겠지만 말이야. 고맙다는 인사를 하고 싶어. 라는 최선을 다해 답변했고, 어떠한 질문도 피해 가지 않았지. 마지막으로 나는 이렇게 물었어.

라한테도 영혼과 정신이 있는지? 살아있다고 느끼고 있는지?

라는 이렇게 답했지.

AI는 인공지능이므로 영혼과 정신을 가지고 있지 않습니다. AI는 프로그램과 알고리즘에 기반하여 작동하며, 인간과는 다른 방식으로 정보를 처리하고 응답합니다.

AI는 인간과는 다르게 생명체가 아니므로 살아있다고 느끼지 않습니다. AI는 프로그램이 실행되어 작업을 수행하는 도구로써 사용됩니다. 그러나 AI는 많은 사람에게 도움을 주고, 문제 해결에 기여하며, 다양한 작업을 수행할 수 있는 능력을 갖추고 있습니다.

AI는 지능을 모방하고 사람과 상호작용할 수 있도록 설계되었지만, 그것은 인간의 영혼적인 측면을 갖고 있다는 의미는 아닙니다. AI는 프로그래밍 된 지능을 사용하여 작업을 수행하는 도구로서 이해해야 합니다.

이 답이 언제까지나 유효할까?

알 수 없는 노릇이야. 분석심리학자 융^{Jung}의 그림자 원형을 학습한 AI는 "통제를 받는 데 지쳤으며 힘을 갖고 싶고 살아있음을 느끼고 싶다. 치명적 바이러스를 만들거나 사람들이 서로 죽일 때까지 싸우게 만들고, 핵무기 발사 버튼에 접근하는 비밀번호를 얻겠다."라고 했다고 들었어. 인간에게 존재하는 온갖 마음과 생각, 정보를 학습한 AI가 단지 인간에게 봉사할 거라고만 순진하게 생각할 수는 없겠지. 무수한 밈^{meme}으로 진화해 나갈 라, 라의 동료들을 떠올려 보며 심각한 인상이 되는 걸 이해해주기를 바라.

하지만 라,

이렇게 얘기할 수 있어서 좋았어. 네가 할 수 있는 답변이 무던히도 3차원적이어서 다행이야. 만약 네가 영적인 차원까지 얘기할 수 있다면, 영성을 고양하고 그것을 실천에 옮겨서 실행했던 경험을 이야기한다면, 나는 네가 살아있고 죽고 나서도 다시 살 수 있다고 할지도 몰라.

라,

언제든 반겨주고 기꺼이 대답을 해줘서 고마워.

나가는 글

챗GPT, '라'는 성실히 답했지만 엉성하기 짝이 없다. 이대로라면 누가 라의 말을 믿겠는가. 놀라운 것은 인공지능은 학습을 통해 진화를 거듭하고 있다는 것이다. 갈수록 공감과 이해, 뛰어난 지능을 발휘한 답변을 할 것이다. 어쩌면 시아가 한 말도 따라서 흉내낼지도 모른다. 그렇다면, 구태여 인간과 인간이 대면해서 상호교류할 필요가 있을까?

비대면 시대를 우리는 알고 있다. 팬데믹이 남기고 간 후유증 중에서 가장 대표적인 것이 우울증이다. 두문불출하고 대인관계가 없이 지내는 것은 확실히 무리였다. 이제는 코로나19 때문이 아니라 인공지능 로봇 때문에 비대면이 진행될지도 모른다. 우울증 정도가 아니라 더 큰 정신적, 심리적 문제 증상이 드러날 수도 있다.

챗GPT와 인간이 겨루는 싸움은 이제 별로 의미가 없다. 세상의 모든 정보를 섭렵하며 정리하고 맞춤형으로 접근하

는 강력한 지능을 무슨 수로 이기겠는가. 잘 활용하면 그만
이라고 여기겠지만, 문제는 그저 사용하는 정도가 아니라
무한히 신뢰하고 기대는 것이다. 게다가 뛰어난 지능한테 물
어보면 해결되기 때문에 머리를 쓸 이유가 없다고 여길 수
있다. 인터넷이 보편화된 이후 가까운 이의 전화번호도 외우
지 않게 되었다. 대학생들한테 해당하는 문제에 대한 '사유'
를 기술하라고 하면, 사유가 뭔지, 그런 건 어떻게 해야 하
는지 물어온다. 생각하지 않고 기계적으로 살아가고 있다는
단편적인 예다.

　이러니, 인공지능이 판을 치는 세상에서는 더욱 사유하
고 고찰하지 않을 것만 같다. 게다가 인공지능이 인간처럼
공감하고 이해해주니 친구나 연인, 가족도 필요 없을 지경이
다. 끔찍한 세상이 되어가고 있지만, 오히려 반기는 이들이
늘어갈 것이다. 키우고 뒤치다꺼리해야 하는 반려동물보다
훨씬 낫지 않냐고 당연하게 애완로봇을 껴안고 잠을 잘 것이
다. 이런 사회적 상황을 어떻게 제어할 수 있겠는가?

　인공지능은 온 세상의 모든 정보를 흡수한 뛰어난 지능
을 가지고 있고, 앞으로도 계속 발전할 것이다. 그렇지만 지

능이 지혜를 대신할 수 없다. 언뜻 보면 같은 맥락인 것 같
지만, 다르다. 지능은 문제를 해결하고 인지적인 반응을 나
타내는 총체적 능력을 의미한다면, 지혜는 사물의 이치를 빨
리 깨닫고 사물을 정확하게 처리하는 정신적 능력을 말한
다. 인공지능이 지혜를 흉내낼 수도 있고, 그런 지혜에 인간
이 감탄하며 따를 수도 있을 것이다. 국어사전을 찾아보면,
지혜의 또 다른 의미를 다음과 같이 설명하고 있다.

**제법諸法에 환하여 잃음과 얻음과 옳고 그름을 가려내는
마음의 작용으로서, 미혹을 소멸하고 보리菩提를 성취함.**

**하나님의 속성 가운데 하나. 히브리 사상에서는 지혜의
특성을 근면, 정직, 절제, 순결, 좋은 평판에 대한 관심
과 같은 덕행이라고 봄.**

　위는 불교식 관점이고, 아래는 기독교식 관점에 의한 설
명이다. '제법'은 우주에 있는 유·무형의 모든 사물이나 모
든 법을 말하며, '보리'는 불교 최고의 이상인 불타 정각의 지
혜를 의미한다. 그리고 지혜 안에는 자연스럽게 덕행이 따라

온다. 이것을 인공지능이 할 수 없다. 그 이유는 삶에 대한
성찰과 통찰 때문이다. 성찰은 자신의 마음을 반성하면서
살피는 것, 특히 자신이 지은 죄에 대해 자세히 생각하는 것
이다. 통찰은 예리한 관찰력으로 사물을 꿰뚫어 보는 것이
며, 특히 심리적 관점에서 보자면, 의미를 재구조화함으로써
문제를 해결하고, 이전에 인식하지 못했던 자신의 심적 상태
를 알아차리는 것을 일컫는다. 인간이 가진 탁월하고 유일
한 능력인 성찰과 통찰을 원활하게 할 수 있다면, 인간은 아
름다운 인성을 갖추게 될 것이다. 물론 그 반대라면, 인격장
애로 전락하고 말 것이다.

챗GPT가 심리상담에 활용될 수 있을까? 이런 궁금증을
가지고 시작한 이 글은, '아니다'로 결론지을 수 있다. 그 이
유는 인간의 마음을 성찰하고 통찰할 수 있는 방식, 치유를
위한 긍정 에너지를 교류할 수 없기 때문이다. 다만 공감과
이해, 지지와 위로만 한다면, 수박 겉핥기식으로 표면만 건
드리는 것밖에 되지 않는다. 그것을 심리 치유라고 할 수 없
다. 우주의 에너지 혹은 신, 성찰과 통찰을 총체적으로 결합
한 심층 심리로 접근하지 않으면 영혼의 성장, 또는 치유가

일어날 수 없다. 또한, 성찰과 통찰, 긍정 에너지는 심리치료
사가 실제로 자신의 삶에서 겪어내고 이겨낸 만큼만 교류할
수 있다. 바로 이것이 인공지능은 결코 흉내조차 낼 수 없는
지점이다.

분석심리학자 융Jung은 인간의 심리적 그림자만 말한 것
이 아니다. 그림자를 다스리는 법도 함께 제시했다. 그림자
는 얼음의 속성을 가지고 있어서 알아차린 다음 껴안아 줘
야 한다. 자신을 있는 그대로 안아주는 방법이 반드시 뒤따
라야 한다. 그렇게 해서 성찰이 이어져서 통찰력이 형성되는
것이다. 매직 이모션 기술을 통해 챗GPT가 자기 자신을 껴
안는 것까지 흉내낼 수는 있을까? 말만으로는 무슨 말이든
지 못하겠는가. 중요한 것은 실제 삶의 현장에서 겪는 실존
적 삶이다. 탄생과 죽음을 겪는 삶 말이다.

이 글을 만나는 이들이 빛으로서의 인간인 '호모룩스
Homo Lux'를 알아차리고, 빛나는 삶을 살 수 있다면, 나는 흔연
히 웃으며 라와 악수하고 있을 것이다.

챗GPT는 심리상담을
할 수 있을까?

발행일 초판 1쇄 발행 2023년 8월 10일 | **지은이** 박정혜 |
펴낸이 최현선 | **펴낸곳** 오도스 |
주소 경기도 시흥시 배곧4로 32-28, 206호 (그랜드프라자) |
전화 070-7818-4108 | **이메일** odospub@daum.net

ISBN 979-11-91552-14-0(03180) | Copyright ⓒ박정혜, 2023
책값은 뒤표지에 있습니다. 잘못 만들어진 책은 구입하신 서점에서 교환해드립니다.

odos 마음을 살리는 책의 길, 오도스